老子与东方之道

卢国龙 著

上海教育出版社
SHANGHAI EDUCATIONAL
PUBLISHING HOUSE

图书在版编目（CIP）数据

老子与东方之道 / 卢国龙著. — 上海：上海教育
出版社，2024.9. — ISBN 978-7-5720-2748-2

Ⅰ. B223.15

中国国家版本馆CIP数据核字第2024UQ6667号

责任编辑　戴燕玲

封面设计　陆　弦

LAOZI YU DONGFANG ZHI DAO

老子与东方之道

卢国龙　著

出版发行	上海教育出版社有限公司
官　　网	www.seph.com.cn
地　　址	上海市闵行区号景路159弄C座
邮　　编	201101
印　　刷	上海展强印刷有限公司
开　　本	890×1240　1/32　印张 10.25　插页 5
字　　数	190 千字
版　　次	2024年9月第1版
印　　次	2024年9月第1次印刷
书　　号	ISBN 978-7-5720-2748-2/B·0067
定　　价	59.80 元

如发现质量问题，读者可向本社调换　电话：021-64373213

许多人都知道，《道德经》是一座圣殿，进入这座圣殿的人，获准与智者交谈。一旦与智者交谈过，在思想观念上就必然有所收获。通过交谈，有些人感悟到自然宇宙的真理，因而发出内心的微笑；也有些人洞察到人类社会的奥秘，因而要蕴积自身的精神；还有些人体验出性命的永恒根源，因而享受着灵魂深处的安详和宁静。

智慧之殿的魅力几乎吸引着所有的人，但并非所有向往这座圣殿的人，都能够顺利找到进入的路径。

正是为了寻找这样的路径，为了与智者交谈，早在两千多年前，就有人开始解读《道德经》，从那时到现在，为《道德经》作注解，为通向智慧之殿的路径而架桥铺路的，不知其几千家。不仅如此，《道德经》还作为东方智慧的一大象征，受到各国智者以及崇尚智能者的深度关注。据说，《道德经》被翻译成五十余种外国语言，是翻译语种最多、翻译版本也最多的汉语经典。通过与中国智慧老人的交谈，肤色不同、语言不同的人，可以在智慧的升华中完成精神的交流。

当然，正如学术史所显示的，研究者从《道德经》中所发现的智慧殿堂，通常因人而异。大概也正由于这个缘故，立意为《道德经》作注解的人，过去有千百家，未来则不可估量。这个简单的事实似乎表明一个道理，人们从《道德经》中所发现的，其实是自己的精神世界，而研究《道德经》真正有意思的地方，不是确立或者确认某个思想理论的终极模式，而是借鉴《道德经》寻找某个思想的方向和路径，打开"众妙之门"。

这本小书，是笔者也曾经寻找的一些烙印。

目录

道经

第一章

　　道可道，非常道；名可名，非常名。无名，天地之始；有名，万物之母。故常无欲，以观其妙；常有欲，以观其徼①。此两者，同出而异名，同谓之玄。玄之又玄，众妙之门。

　　这《道德经》的第一章，是"五千言"的一个总纲。大意概括起来，有两个要点。

　　第一是说天地万物的生成，都根源于"道"，人生活在天地万物之间，要意识到"道"的存在；第二是说不要因为意识到了"道"的存在，就自以为掌握了"道"的全部奥秘，掌握了天地万物的最高法则，弄成一副真理在手的样子。

　　这一"可"一"非"、一要一不要两点，是出入《道德经》

---

　　① 徼（jiào），边际，边界。

的智慧之门。要意识到"道"的存在，是进入的门，从此打开眼界，少受些一叶障目的局限；不要自以为是正好相反，是走出来的门，以免孤悬高绝，弄得与世事格格不入，一旦临事时又强行己意，犯独断论的毛病。

"道可道，非常道；名可名，非常名"两句，就是概括要与不要的一个口诀。所谓"道可道"，古往今来有许多同异相间杂的解释，例如有人将"可道"之"道"理解为言说，也有人将"可道"与"常道"对应起来，还有人将"道"解析为"理、导、通"三义，"可道"之"道"主要含"导"和"通"的意义，等等。

我们的理解或许可以更灵活些，将这一句理解为"道"可以被作为"道"，也就是"道"的真常本体可以被作为"道"这样一个概念，在意识、认识的世界里朗现出来。朗现出来的"道"之所以"非常道"，不是"道"的真常本体，是由于受到人类意识、认识能力的局限。承认意识、认识能力的局限，就是这个口诀的根本意义。

"名可名，非常名"，当然是对前句的一个解释，意即像命名万物一样给"道"一个名称。以概念的形式将"道"纳入意识、认识的领域，成为意识、认识的对象，在认知实践中固然是可行的，但这个从"人行走在路上"的文字引申出来的概念，还有许多具象的制约，似乎是某个特定的存在、特殊的状态，与"道"的真常本体"大象无形"不相类，所以不是"常名"，例如"道"的真常本体还可以被称为"玄""众甫""天地之始""万物之母"，等等。这种命名的局限性，根源于人类所创造的一切概念，都不能超越人类自身的认知能力和知识积累，所以在将"道"作为意识、认识的对象时，千万要记住概念本身只是人为设定的，是引导我们走进智慧殿堂的方便法门，而意识、认识的最终目标，不是概念本身，而是概念试图指称的真常本体。强调这一点，对于防范言道而流于独断，是大有必要的。

弄明白了这两句口诀，下面的文句就相对容易理解了。"无名，天地之始"与"无欲，以观其妙"是同一层意思，前一句是将"道"的真常本体作为认知的对象，后一句则摆脱一切具象之物、具体情境的牵制，玄悟"道"之真常本体的存在。"有名，万物之母"与"有欲，以观其徼"是另一层意思，前一句将被命名的、概念性的"道"作为认识的对象，后一句是说通过仰观俯察等具体的认知活动，能够体会"道"在万物万象中的呈现。

"徼"是一个值得关注的修辞，通常都被理解为"边际"。但边际的意思，不是"道"为自身划出了某个方或圆的界线，而是从万物的合规律性、合目的性当中，能够观察到"道"与物的交际，观察到"道"在万物中的真实展现。因为万物的合规律性，看上去像是被命令的，此物必然如此，彼物必然如彼，所以"道"与物的交际，就呈现为"道"决定了万物万象各如其性状相貌。

借用西方哲学的一个概念来表述，即"道"是万物万象的"形式"。既然称为"形式"，逻辑上当然会有一个排他性的边界，只是这个边界究竟在哪里，恐怕谁也不知道，本来面目是"形式"，奇形怪状也未尝就不是"形式"。所以，"徼"或许可以类比于西方哲学的"形式"，指"道"体现在万物万象的合规律性、合目的性之中。

辨析"无名"与"有名"，对于推展认知活动的同时又谨防独断，当然是必要的。但辨析不应当造成离裂，将一个真常本体搞成观念中的两个东西，所以《道德经》又归结说，"无名"与"有名"都来源于同一个真常本体。将认知活动中的辨析重新整合、同一起来，复归于真常本体，可以称之为"玄"。称之为"玄"的"玄"，似乎还有概念思维的痕迹，再"玄之又玄"一下，将这个痕迹抹去，就可能真正与真常本体浑融了，不知不觉中晃进了"众妙之门"。

第二章

天下皆知美之为美，斯恶已；皆知善之为善，斯不善已。故有无相生，难易相成，长短相较，高下相倾，音声相和，前后相随。

是以圣人处无为之事，行不言之教。万物作焉而不辞，生而不有，为而不恃，功成而弗居。夫唯弗居，是以不去。

如果说《道德经》的第一章是个让人烧脑的开篇，其中既有哲学的思辨，也有宗教的冥想，"玄"得让人晕乎，那么这第二章就应该算是个补偿了，越愿仔细琢磨，就越是别有一番情趣。因为这里面所阐述的道理，与我们的常识观念正好相反，所以对于好琢磨、爱思考的人来说，这第二章就有些别开生面、引人入胜的魅力了。

在我们的常识观念里，天下人都知道什么是美，什么是丑，怎样做为善，怎样做为恶，会有什么不好呢？至少，全天下有了这样一些标准，可以让某些别有用心的人无所施其技，免得他们绞尽脑汁，整天谋划着如何指鹿为马，颠倒黑白。《道德经》作为一部究天人之际，通古今之变的传世经典，本应为我们鉴别美丑、善恶等，确立某个合适的标准，帮助我们识别那些别有用心的人和主张，为什么《道德经》的着眼点，偏偏不是确立标准，反而是怀疑标准？这里面有蹊跷，不能不好奇。

先说"天下"。《道德经》产生的春秋战国时代，"天下"当然没有现在的这么大，但古人今人的"天下"指意，应该是相同的，即"全世界""全人类"。现在的全世界人类或者全人类世界，显然也还没有成为某种统一的"天下"，"全"的意思，基本也就是一个圆圆的地球仪、一张完整的世界地图、一些概念性的"全球化"说法，等等。至于"全球""全世界"的内部，其实是按照国家的边界，在世界地图上被划分为不同颜色的区块的，而国家的形成，则与民族、宗教的传统有关。也正由于这个缘故，所以不同的国家都同样地要加足马力，以发掘其民族的、宗教的传统资源，培养内部统一的世界观、价值观、人生观，等等，既增强内部的凝聚力，也降低内部的管理成本。

至于普世的、全人类共同的"观"究竟应该是个什么样子，到目前为止还扑朔迷离，还是各国、各民族和宗教传统都要竞争的目标。竞争的手段，则不外乎军事上的强权、价值观外交的纵横捭阖，以及宗教、人权等软实力方面的扩张。《道德经》所关注的，不是如何展开竞争，而是担忧某家的竞争成功了，一家的"观"成为普世的"观"，将会给天下带来天大的麻烦。

是非、善恶、美丑，道理上都是相通的。但美丑的话题比较有趣，我们就挑这个话题来讨论。

"天下皆知美之为美"，意味着第一，天下被人为地创建了一个美的标准、模式，甚至是美的形象代言人，人为的过程就是"知"的过程，而"知"的过程就是渐渐接受美与不美的分隔线；第二，天下人还知道符合标准的"美"可以有所"为"，也就是有作用。

由于有第一条，有那样一圈关于美的分隔线，天下也就产生了许许多多的排斥，甚至是厌恶，举凡一切不符合美之标准的形象，不在所谓"美"的狭小圈子之内的，大概都在被排斥之列。就像我们在日常生活中所感受到的那样，丑都是被美比出来的，而对于丑的排斥，是从爱美之心中滋生出来的。

如此这般地分辨美丑，有所好恶，如果仅限于个人的自然情感，当然无可厚非，可是，如果全天下都接受那个关于"美"的狭小圈子，那么天下就不仅被审美主张割裂了，而且审美的情趣和创造力也被关进了一个逼仄的笼子里。在这个意义上，"斯恶已"的"恶"，可以读为厌恶的恶（wù）。因为天下被厌恶的，远远比美而可爱的东西多得多，符合标准美的总是凤毛麟角，所以天下本身也就有些可恶了。

由于有第二条，美本身也就成为工具，诸如传说中商周时的妲己、古希腊神话的海伦等，都曾经是这样的工具。而将美当作工具，无论从动机上说还是从结果上看，恐怕都很不美，利用他人的贪婪来实现自身的目的，无论如何也算不上高尚、良善。在这个意义上，"斯恶已"的"恶"，可以读为邪恶的恶（è）。从"天下皆知美之为美"到"斯恶已"，因果关系简单而明了，逻辑上是必然的。

不仅如此，"天下"的外延还时常被扩而广之，由人及物，涵盖天底下的动植万类。因为我们的文明世界，偏好用人类的审美眼光去看待天地万物，从人类的自由意志出发去理解天地万物的合目的性，将人类自身看作宇宙的"选民"，所以在哲学理念和宗教情绪上，我们有时就会表现得对于"自然"很不宽容，自然万物也会被我们在有意无意之间划分出美与丑的不同等级、阵营，从而导致人与自然和谐的抑抗、对立。这些哲学和宗教上的文明偏执，在我们由教育所形成的思想观念中，往往习而不察，但通过《道德经》这面镜子，可以将偏执的面相映照出来。只是由于这个问题太复杂，我们这里存而不议，姑且挑选一个委婉些的中国传统话题，以深化对《道德经》的理解。

中国古代文人要赞赏某个美人，通常都会用到"沉鱼落雁""羞花闭月"之类的修辞，以形容某人美得鱼和鸟都不好意思，花和月都自惭形秽。沉鱼落雁的说法，源于《庄子·齐物论》，但本来的意思与后来的用意刚好相反。《齐物论》说，"毛嫱、丽姬，人之所美也，鱼见之深入，鸟见之高飞，麋鹿见之决骤。四者孰知天下之正色哉?"毛嫱是传说中的古代美女，丽姬是晋献公俘虏回来的夫人，极宠幸，最后弄得晋国大乱。庄子的本意，是说被人爱慕的大美人，却会让鱼鸟麋鹿惊吓得四处逃散，人与各种飞禽走兽，究竟谁更懂得天下的真正美色呢? 答案不言而喻，人类的审美并不是放之"天下"而皆准的。如果人类能够放开襟怀，像老庄所说的那样让天地万物各美其美，人与人之间也同样的宽容，各美其美，我们的精神世界是不是就更开放、更宽松了?

老庄的这些思想，曾被某个时期的学术界批评为相对主义的诡辩，因为他们总是相对地看待是与非、善与恶、美与丑，等等，似乎一切都没有某个靠得住的准则。其实，如果我们静下心来阅读《道德经》下面的表述，就会理解老庄道家的思想，只是告诫我们不要被某个冒冒失失、自我夸张的主张遮挡眼目，看不见世界万物本来多元的无穷魅力。

何以见得多元?《道德经》举证出有无、难易、长短等例子。如果按照相对主义的思路，这些例子可以说都是对立的。于对立双方无从取舍，就流于所谓的诡辩。而《道德经》的叙述是，这些例子有的相生、相成，有的相和、相随，两两相对的关系模式，并非千篇一律，而是千姿百态的。这样千姿百态的世界，要说不是多元的，还能是什么呢？

世界的本来面目既然是多元的，那么管理世界的圣人究竟应该做些什么，不该做些什么，也就清楚明白了。所谓"万物作焉而不辞"，就是不要按照自我意志，凭借一己隘陋的浅见，为万物的发展圈定某个模式。唯其如此，才称得上"处无为之事，行不言之教"，才不至于弄成武大郎开店，让一个小我成为万物发展的大限。这样的圣人，不居物以为己有，不居事以为己功，不招人烦，所以不会被从圣人的宝座上轰下来。

第三章

不尚贤，使民不争；不贵难得之货，使民不为盗；不见可欲，使民心不乱。

是以圣人之治：虚其心，实其腹，弱其志，强其骨。常使民无知无欲，使夫智者不敢为也。为无为，则无不治。

《道德经》的第三章专门讲政治问题。

因为政治代表着社会公共秩序的最高形态，所以本来应该是神圣的，但有时候，政治话题总不免让人厌倦，说起来烦，听起来累，很难生出欢喜心。只是由于人都生活在社会中，生活在某种政治秩序中，像《庄子》所说的那样，"无所逃于天地之间"，躲是躲不开的，所以尽管不喜欢，但也必须有所思，有所言。《道德经》的第三章，或许就是这样的思和言。

道家的老子和庄子，大概都不喜欢他们那个时代的政治。

庄子不喜欢，就拿些政治上的事情来嬉笑怒骂，老子要正经些，用心良苦地告诫当政的人，要学会在政事上做减法。这第三章，就是个政事减法的公式，所以"不"字用得特别多。

从"不尚贤"到"使夫智者不敢为"，都是做减法的条目。"不尚贤"是不用金钱、官爵等，奖励那些被认为品德和才能都很特殊的人；"不贵难得之货"是不企羡奢侈品，不拿奢侈品去引领社会的风尚；"不见可欲"是不利用民众的欲望去推动生产和消费；"使夫智者不敢为"是约束那些脑子好使的人，让他们不敢肆意发挥，将政治组织、社会风尚、民众欲望等，都当作展示自己才能的舞台。遵循这些以"不"开头的减法，可以消解社会的贪婪、纷争、混乱，在重回清静的意义上，让社会获得治理。

显然，写在《道德经》里的这些思和言，处处流露出消极自由主义的神韵。尽管思的起点不是个人的自由权利，不像近现代西方自由主义那样体系化，而是实际政治运作的递减式尺度，带有经验性的、可操作的显著特征。但就消解政治操控、还原社会的自然状态而言，就揭示政治操作与社会纷争的必然联系而言，《道德经》之思无疑可以称之为中国式自由主义的古典、滥觞。

《道德经》的第三章，还表现出抵制泛意识形态化的自觉，所谓虚心实腹、弱志强骨，"常使民无知无欲"云云，并不像某些批评者所指责的那样是个愚民政策，而是力图维护民众生活的自然状态，排除泛意识形态化的干扰。什么是泛意识形态化？通过各种阅兵、庆典等国家级的仪式，发动一波次又一波次的群众运动，将所有的自然人全都改变成政治动物，就是泛意识形态化的手段和目标。而抵制泛意识形态化的最好办法，不是弄出另一套意识形态来取而代之，只要问问民众饿不饿，缺不缺营养？就从根本上抵制住了。

第四章

道冲，而用之或不盈。

渊兮，似万物之宗；挫其锐，解其纷，和其光，同其尘，湛兮似若存。吾不知谁之子，象帝之先。

《道德经》的第四章，从体和用两方面描述"道"，很诗意，也很简洁，但含蕴深厚，意境幽玄。会写诗或者爱读诗的朋友，肯定会从这一章中吟咏出许多意蕴，可惜那不是我的强项。

"道冲"是对道本体的描述，妙处在一个"冲"字，那是一种在冥想中可能捕捉得到的、空虚却又流动不息的造化景象。最与这种景象接近的可感知之物，首先是风，其次是水。风是一种流动的力或能，自身虽无形无色、无声无臭，但却推动着各种形色声臭的梦幻般变化。道体是比风更玄妙的力或能，风有时起，有时歇，而道体造化万物，永远都取之不尽，用之不竭，是万物生生不息的根源，却又像清泉的源头就流淌在下游之中一样，道体就清澈透明地消融在万物之中。

中国的哲学思维，有一种十分悠久的历史传统，即以历史理性的精神，追问来龙去脉。例如要弄清楚某个复杂事情的真相，最彻底的办法就是追本溯源，而要恰当处理某个复杂的事务，最有效的办法也就是正本清源。按照《汉书·艺文志》的说法，道家出于史官，是体现这种传统的典型代表，所以《道德经》要说清楚"道"究竟是一种什么样的存在，很自然地就要追问这个世界的来龙去脉：天地万物来源于"道"，而"道"如何生成的更深远根源，则无从想象。可以想象的是，"道"在造物主上帝之前就已经存在了。

讲个小故事，或许有助于我们理解这一章。

公元 1222 年，全真道领袖丘处机与成吉思汗在西域大雪山举行过一场历史性的会谈。据大学者耶律楚材的《玄风庆会录》记载，在会谈之初，丘处机便向成吉思汗陈述，"人止知天大，不知道之大"。天大还是道大，有什么区别吗？有的。因为蒙古人信仰的萨满教，以"长生天"为最高神、最高法则，而"长生天"的意志，可以经由萨满在仪式中获知，由此进行人事选择，做出决策，就难以避免绝对性、偶然性、盲目性。所以，丘处机认为有必要强调，天只是与地相对而成的被生之物，比天更根本的宇宙原则，是任何人在任何情况下都不可能完全掌握的"道"，根据"道"的精神进行人事选择，就不至于将什么事情都绝对化，而会保留调整的空间，以适应偶然性，避免盲目性。

这方面的道理，往神学和哲学上深思下去，会引发思想上的强烈震撼。

第五章

天地不仁，以万物为刍狗；圣人不仁，以百姓为刍狗。

天地之间，其犹橐籥①乎？虚而不屈，动而愈出。多言数穷，不如守中。

《道德经》的第五章很"酷"，如果留到夏天去鉴赏，或许能让我们分享到一丝来自远古的清凉。而大冬天里听人说些"天地不仁""圣人不仁"之类的道理，总不免有种凉飕飕的感觉。这当然不是说"天地""圣人"都很冷漠。

哲学工作者时常会重复同一句话：感性是热的，理性是冷的。感性之所以热，因为感性是自我的；理性之所以冷，因为理性是忘我的。例如喜怒哀乐，都属于个人感性，当然都是热

---

① 橐籥（tuó yuè），古代鼓风吹火的工具，类似风箱。

的，冷漠其实也属于个人感性，其实也是热的，而且是以内热去努力地表现冷，所以其感性态度甚至比喜怒哀乐更强烈。理性之所谓冷，不是冷漠，而是不以个人情感去揣度物理，陈述物理时又忽略自己以及他人的感受，所以朗现的不是某种个性化的态度，而是客观的普遍的道理。对于道理，谁也不能测量出温度，只能冷静地去理解。这注定理性是冷静的，但不同于感性的冷漠。

冷静理性的最精致作品，当然就是哲学，所以哲学不仅很"炫"，而且蛮"酷"，像是动漫里没有情绪变化的剑客。《道德经》的这一章，就"炫"在思维很辩证，"酷"在道理蛮深刻。

要真正理解这一章的"酷"，大概需要回顾一下《道德经》产生的那个时代。在那个时代里，天地和圣人，都是一个宏大信仰体系里主要的信仰对象。而信仰的理由，就是感佩天地、圣人的仁恩。《道德经》说"天地不仁""圣人不仁"，直面冲击的，就是这个信仰体系。而以哲学理性直面冲击现行的信仰体系，这在任何时代都需要决绝的勇气。

《国语·鲁语》的一个小故事，可以粗略地映现出这个信仰体系的基本面貌。故事的主角，就是那位因坐怀不乱而声名久播的柳下惠，年代大约早于《道德经》百来年光景。

故事里说，鲁国很能干的政治家臧文仲执政的时候，有一种叫"爰居"的海鸟，在鲁国都城的东门上栖息了三日。这种现象很异常，于是，臧文仲动员鲁国人举行祭祀仪式。仪式本身怎么样，是禳灾祛祸还是歌舞娱神？史书里全都没有记载，被史书记载下来的，是柳下惠直言不讳的批评：臧文仲为政太任性了，"夫祀，国之大节也"，所以要"慎制祀以为国典"。

在现代人看来，祭祀鬼神不就是些迷信活动吗？为什么要提升到这样的政治高度来论说呢？这里面确实包含了古今文化的极大差异。在古代，祭祀仪式是社会凝聚的最高象征，参与或者接受同一种祭祀仪式，就意味着接受同一种信仰，归属于同一个家族、氏族、国家，所以《左传》里说，"国之大事，在祀与戎"。祭祀凝聚内部认同，军事抵御外来侵扰，一内一外，一文一武，是华夏社会共同体所以形成并且得以维系的两大支柱。祭祀也因此自成体系，并且与华夏民族在融合中日渐形成、日益壮大相呼应，承载华夏民族的共同信仰。

臧文仲为了某个异常现象而举办祭祀仪式，鬼名侠户，不在传统的祭祀国典之内，所以柳下惠认为这种政治是任性的。那么，传统的祭祀国典、信仰体系，究竟是什么样的呢？

据柳下惠说，什么样的人和物可以被纳入祭祀国典，是有其价值尺度的，"夫圣王之制祀也，法施于民则祀之，以死勤事则祀之，以劳定国则祀之，能御大灾则祀之，能扞大患则祀之。非是族也，不在祀典"。

举例来说，炎帝神农氏和他的儿子柱，尝百草而开创农业种植，夏代的祖先弃继承炎帝的事业，所以自夏代以来就将他们尊奉为稷神；共工氏的儿子后土能平治九州岛土地，所以被奉祀为社神；又如黄帝甄辨百物，启民智而开辟生产生活资源，黄帝的孙子颛顼能继承祖业，曾孙帝喾能根据日月星的运行以制定历法；唐尧能制定适宜的法律，导民向善；等等，都是法施于民的先王。虞舜勤民事而死于苍梧之野，鲧因用围堵的办法治洪水而被诛杀，禹继承父业治洪水而疏导之，殷商的祖先契以伦常教化百姓，商汤除夏桀之暴而以宽裕治民，周文王重兴文教，周武王讨伐商纣王的秽恶，等等，都是以死勤事，以劳定国，御大灾，扞大患的先烈，所以自虞舜以来，就形成了一个以"禘"和"祖"为主轴的祭祀、信仰体系。"禘"是以前代有勋烈的帝王配天，"祖"是奉祀当朝的氏族祖先，从而形成"敬天法祖"的信仰体系。同样，对于山川河泽的祭祀，也立足于利民财用。这些自然神，汉以后被合称为"天地六宗"，是与生产生活密切相关的自然大环境。此外的一切奇怪现象，都不在祭祀国典之内。

柳下惠所描述的祭祀、信仰体系，在近现代以前一直是整合、维系华夏民族和国家的精神力量，但在漫漫的历史长河中，这个祭祀、信仰体系又并非一成不变，僵化而拘执，而是经历了无数次的冲击和重建，具有活泼泼的内在张力。冲击的力量来源，当然是与信仰相对的理性。而理性之所以要冲击信仰体系，现实的缘由在于社会秩序的合理性出了问题，受到质疑，需要调整。大致说来，信仰维系着民族和文化的认同，维持着社会的稳定，而理性推动着对于信仰真实性、合理性的反思，推动着社会的发展，二者对待流行，构成华夏文明内在的张力。在这个两条腿走路的历史进程中，理性与信仰究竟孰先孰后，取决于特定时代的需要。《道德经》产生的时代，社会失序，需要对古来的信仰展开反思，从而形成理性与信仰的再平衡，重建社会秩序，所以才会有《道德经》"天地不仁""圣人不仁"等惊世骇俗的言论。

春秋时代的社会失序，主要表现在两个方面。一是诸侯之间频繁的战争，导致了大规模的社会混乱，"春秋无义战"，战争本身并不能起到重建社会秩序的实际作用。二是处于列国竞争或者直接处于战争状态的诸侯国，在内外两方面都缺失权力制约的机制。外的方面则周天子式微，没有实力按照礼乐道义去管辖诸侯；内的方面则因战时法则，在保境安民的名义下，诸侯得以纵恣其垄断权力和强行苛政之私欲。

站在道家的立场上来追究这种社会失序的根源，问题的症结就不在于仁政好或者不好，而在于追问政治的法理基础、政治何以发生的真相究竟是什么。如果说政治的法理基础就是前代帝王曾经推行过仁政、对百姓施与过恩惠，那么政治岂不成了前代帝王的仁爱之心、私恩之惠的遗产？在标榜圣人以仁爱之心开创政治的历史语境中，政治一方面被极端神圣化，被罩上圣人仁爱的信仰光环，另一方面又在现实中暴露出不受制约的重重弊端，当下的执政者总是在效法先王仁爱的名义下，在保境安民的借口下，强制推行自己的意志。面对这样的历史和现实，又当如何打开政治的温情包装，以理性精神还原政治之所以发生并且延续的真相，从而建构新的政治模式？

事实很不幸，借仁爱之名行强权之实的现象，在春秋战国时代比比皆是。举一个可笑的例子，据《左传》僖公十九年（公元前641年）载，梁国的国君梁伯（爵位）好搞土木工程，而百姓不胜其扰，自发抵制，于是梁伯就时常拿些"某寇将至"的恐怖舆论来胁迫民众，筑城墙，建宫殿，弄得民不堪命。最后为了加大舆论恐吓的力度，梁伯宣称"秦将袭我"，而秦是梁无论如何也抵挡不了的大国，结果老百姓被彻底吓坏了，"民惧而溃"，四处逃散，秦国就真的吞并了无人抵抗的梁国。

这种寓言"狼来了"式的政治，本质上要么愚昧幼稚，要么心术不正，但推行其政治的正当名义却是保境安民，是出于对子民的仁爱。就老百姓而言，是愿意选择这样的仁爱，还是愿意选择被忘却的自由呢？这是《道德经》第五章所隐含的一个问题，而答案不言而喻。

无疑，"刍狗"象征着被忘却的自由。作为祭祀时的一种道具，"刍狗"是用草或土做成的各种动物形象，被作为鬼神的祭献物。由于佛教传入之前，中国传统的宗教仪式通常都没有神像，所以在古代的祭祀场景中，刍狗是有形而受到关注的一个焦点，祭祀时奉敬如仪。但仪式之后，"刍狗"从祭献物的角色中解脱出来，获得被忘却的自由。

从关注到忘却，或许就是《道德经》取用"刍狗"比喻的寓意——万物在天地之间，受天覆地载而得以造化生成，似乎天地永远都在关注万物。然而，撇开这层温情脉脉的想象，则天地只是一个大风箱（橐籥），万物在风箱里鼓荡，造化生成，并非出于天地的有意施恩。同样，以圣人为象征的政治，也只是一个为组建社会而架设的制度空间。尽管架设的初意包含着对百姓生活的关注，但在既已架设之后，则要让百姓获得被忘却的自由，放任百姓利用其社会空间，在相互鼓荡中创造、生活。唯其如此，政治才能够发挥其架设社会空间的实际作用，老百姓才有更多的活路。如果政治以施恩的心态和手段将风箱塞满了，则政治与老百姓的生活必然摩擦不断。所以，为政的圣人要少说话，少张扬自我意志，少占用风箱里的空间，"多言数穷，不如守中"。

第六章

谷神不死，是谓玄牝①。玄牝之门，是谓天地根。绵绵若存，用之不勤。

这一章是关于万物生成本元的玄思冥想，寥寥数语，用拟人化的笔触，将本元的面貌勾勒出来。什么是万物的生成本元？先讲一段神话，以便我们更直观地了解古人生生不息的观念。

《山海经·海内经》记载了这则可能来自远古的神话，"洪水滔天，鲧窃帝之息壤以堙洪水，不待帝命。帝令祝融杀鲧于羽郊。鲧复生禹，帝乃命禹卒布土，以定九州"。

所谓息壤，就是可以不断自我复制、再生的土壤，是鲧从上帝那里盗取的，以对付大地上的滔天洪水。洪水涨多高，息

———————

① 牝（pìn），雌性的鸟兽。

壤就会相应地涨得更高，总能将洪水挡住。

神话中的大洪水，在世界其他文明中也有历史印迹，如犹太教、基督教、伊斯兰教被统称为亚伯拉罕（或易卜拉欣）宗教，就渊源于洪水神话，所谓诺亚方舟是也。而在古希腊神话中，普罗米修斯违抗众神之父宙斯的命令，从太阳神阿波罗那里为人间盗取火种，因此受到宙斯的惩罚，在精神上，与鲧窃息壤倒有些相似。不过，诺亚方舟是个逃离的策略，不像鲧那样坚守土地；而由古希腊所开创的文明气质，则似乎很喜欢玩火，更关注事物变化的原动力。

至于中华文明，显然更珍爱土地，例如神话中鲧所盗取的息壤，就是禹定九州岛的土地。明代的著名学者杨慎，还为息壤做出了另一种解释，"桑土稻田，可以生息"（见《升庵集》卷5《息壤辩》），意即土地种植，可以生生不息。土地本身，就是万物有生生之意的母体。

这种朴素的远古神话，与精妙的哲学玄思，在意义上能有什么关联吗？有的，二者都反映出农业文明背景下的思想观念，差别只在于神话的息壤是土地之母，单项的，而"谷神""玄牝"是万物之母，全能的。

要指称万物共同的生成之母，现代人通常都会用"本元""绝对实体""上帝"等概念。这些概念是文明史积淀的成果，包含了许多前人的智慧。而《道德经》是原创性的，没有合适的概念可以借鉴，所以就采用譬喻的方式，"谷神""玄牝"都是譬喻。从字面上来理解，"谷神"就是某个幽深而神奇的东西，"玄牝"就是玄妙不可言状的生殖母体。天地万物之所以生生不息，就因为有这个母体在不间断地繁殖。

所谓繁殖，当然还是一种譬喻，天地不会因此越来越大，万物也不会因此越来越多。但万物总在生成的事实，表明万物的背后有某个永不枯竭的生之成之者。虽然这个生之成之者不是"虎妈"，不会对万物的事情什么都管，设计一套成长的方案，高标准，严要求，但也不能因此就当她不存在。按照《道德经》的描述，生成之母永远是存在的，只不过存在的方式很奇特，既非高居庙堂之上，也非伫立水之中央，矗立山之峰顶，而是绵柔地融化在万物的生机之中，拨动着万物的生机却毫无劳心费力的迹象。

《道德经》关于生成之母的玄思冥想，在文义上和思想逻辑上都不难理解，但一涉及对中国思想发展的影响，问题就变得异常复杂，其中包括佛教传入之后，佛教本体论与中国传统的本元论哲学的对话、道教内丹术的神秘体验，等等。这些问题，如果以后有适当的机会，或许也可以聊聊，这里先比较一下思想差异很微妙的老子与庄子，展现一番道家思想的丰富性，以免将道家看得呆滞了，不能瞭望其深闳而肆的大景象。

《庄子·齐物论》说，"日夜相代乎前，而莫知其所萌。已乎已乎，旦暮得此，其所由以生乎。非彼无我，非我无所取，是亦近矣，而不知其所为使。若有真宰，而特不得其眹"。

作为一个内心充满诗意的思想家，庄子无疑是极其敏锐的。从人人可见的日月轮回中，庄子首先想到的，不是下一个日出之后"我"是该去签订合同还是该去搞经营之类，而是追问这个循环不已的过程究竟从哪里、从什么时候开始？因为找不到答案，所以就只能放弃追寻，理解自己是在日月的循环中生存的。如此这般生存着的"我"，是相对于外物、因缘于外物而成其为"我"的，不属自因自果，不能自在自为。但是反过来看，没有这个"我"的存在，外物是否存在也就失去了意义。这样看待"我"与外物在相对中依存、摩擦，似乎接近"我"所存在的世界真相了，但又弄不清世界真相是由什么决定的。感觉中有某个主宰者，却又捕捉不到主宰者的任何气息，所以庄子体会到某种极深刻的迷茫，"其我独芒，而人亦有不芒者乎？"标准答案自然是不曾有的，而庄子本人准备了一个预案——"野马也，尘埃也，生物之以息相吹也"。万物的造化生成，就像春天的郊野，气雾升腾，生机勃勃，但这一片生机的形成，来源于任何一物的存在都有其气息，有其存在的意志，相互作用，构成互动的生命力，并非背后还有某个更深刻的主宰者。譬如"天籁"，那是由于"大块噫气"——气的本性就在于流动，而万物的性能形状各不相同，所以才会演奏出众相和鸣的美妙音乐，"夫吹万不同，而使其自己也，咸其自取，怒者其谁邪？"没有什么幕后的主宰者，"大块噫气"也不是由"谷神"吹出来的。这是庄子哲学的基本观念，而与老子颇不相同。

对于老庄哲学的微妙差异，古人早就注意到了。例如《庄子·天下篇》，就注意到庄子与老子思想趣味的差别，将他们列为两种理论形态。再如魏晋时竹林七贤的领袖嵇康，甚至这样考问自己，"宁如老聃之清净微妙，守玄抱一乎？将如庄周之齐物，变化洞达而放逸乎？"（《嵇中散集》卷3《卜疑集》）关于万物生成本元的不同理解，会直接影响对于自然秩序合理性的不同理解，也因此会直接影响如何处世的人生态度。老子清静微妙，但有些高深莫测，庄子变化洞达，又有时喜欢嘲弄。研究老庄，我们需要更细致地品味。

第七章

天长地久。天地所以能长且久者，以其不自生，故能长生。是以圣人后其身而身先，外其身而身存。非以其无私耶？故能成其私。

《道德经》第七章的主旨，是从容放下一个自私的小我，向天地境界升华，在永恒的意义上，成就无小私的大我。

要向天地境界升华，首先就必须从思想上、精神上建立起"我"与天地的联系，这也就是古人所说的"究天人之际"。如果缺乏"究天人之际"的思想环节或过程，天自是天，"我"自是"我"，天行健的自强不息、高明广大对"我"没有启示性的、引导性的意义，那么，"我"就可能停留在自然本能的状态，难以唤醒追求向上一路的自由意志。

如何建立这样的联系呢？历史上大概有两种类型，一是借助巫术、萨满的神秘体验，由个体之"我"去感应天意天志，表现出原始的天人合一意识；二是以理论思辨、普遍理性的形态，建构人类之"我"与超越者、神圣者合乎逻辑的内在关联，如基督教的三位一体、佛教的佛性论，等等，都旨在建构这种关联，差别只发生在思想方法的层面。《道德经》所采取的方法，大致介于这两种类型之间，具有个人体验与普遍理性的双重魅力，其具体表现，就是用古典的诗性思维来涵咏其形而上玄思，那种韵味，比哲学优雅，比《诗经》深邃。

众所周知，《诗经》的创作，有赋、比、兴三种方式方法。这些方式方法，《道德经》其实也常用，只是不像《诗经》那样格式化，以至每一首诗，都可以被后世注家分析出赋、比、兴的归属，例如朱熹的《诗经集传》，就将这项工作完成得很彻底。《道德经》又不像《诗经》那样旨在歌咏情感，而是要凝练地阐述其形而上玄思的内涵，所以对赋、比、兴的运用，也就更玄远些，更清虚而灵动些。这第七章，就是个很好的例子。

"天长地久"类似于《诗经》的比，即比拟于天地。由比拟天地而拎出"圣人"，则类似于《诗经》的兴，即由天地境界而兴圣人品德。由比而兴，由天地而圣人，"推天道以明人事"的思想逻辑很清晰——当然，如果放在某个思辨的哲学体系里，这类推演通常都包含着许多疑点需要辩证，而《道德经》很诗意地完成了从天到人的过渡。

所谓天地境界，可以从因果两方面来理解，因是"不自生",果是"长生"。"不自生"意味着天地不为谋生而自私用智,不站在自我的立场上对万物予取予舍、畸轻畸重,"长生"的意思当然就是永恒、不灭。这样的因果关系,被《道德经》作为一种启示,即圣人效法天地,在无私忘我的精神境界上,成就其理所当然的品德,从而成为人类精神的永恒象征。这样的成就之所以被表述为"私",是因为唯其如此,圣人才成其为圣人,才能够实现圣人的自我,用现代的哲学语言来表述,就是展现出圣人的内在规定性。

讲到精神永恒,中国传统有"三不朽"之说,出自《左传》,"太上有立德,其次有立功,其次有立言,虽久不废,此之谓不朽"。这样的"三不朽",对于陶铸士君子的精神风骨,确实能发挥塑造人格的范式作用。而《道德经》无私忘我的圣人境界,应该说可以作为这种人格范式背后的精神支撑。

当然,站在人类思想永远都在发展的宏观角度来看,任何一个时代思想体系的建构,都不可能是最终的结论,都只能是解决老问题并且诱发新问题的过渡阶段。解读《道德经》第七章,就有两个新问题值得我们关注。

其一是在逻辑上,天长地久的所谓"不自生",究竟是不出生还是不谋生?从《道德经》比拟性的叙述来看,应该理解为不谋生才准确,才能够顺理成章地引申出圣人无私的义理。但不谋生与天长地久之间,并没有必然的逻辑联系。纯粹就逻辑而言,只有不出生才可能天长地久。这个问题,早在东汉时就被王充提出来了，即如其《论衡·道虚篇》所说，"天地不生故不死，阴阳不生故不死。死者生之效，生者死之验也。夫有始者必有终，有终者必有始，唯无终始者，乃长生不死"。当然，我们也可以将《道德经》的"不自生"，理解为既不出生也不谋生，但不出生的事，是连圣人也学不来的，又如何启迪人类去追求天地境界？这个问题，或许是《道德经》留给后世的一份精神遗产，诱发新的思考，比那些时代性的结论更珍贵。

二是圣人无私而成其私的问题，需要甄辨以防曲解。北宋儒者王开祖有一句名言，"君子有天下之私，小人有一身之公"（《儒志编》）。君子胸怀祖国，放眼世界，要解放全人类，志气固然很"大公"，可是，如果这个"志气"仅仅出于君子个人的意志，不管祖国、世界、全人类的意愿，那是不是就将天下当成了君子的囊中私物？所以，对于那些动不动就拿天下说事的人，我们要留意一下他是否揣着"天下之私"的意志，是否尊重"小人有一身之公"。因为在历史上，《道德经》曾经被奉为"君人南面之术"，也就是统治的策略，所以在这个问题上，我们需要审问之，慎思之，明辨之，不能因为《道德经》说过无私而成其私，就对问题马虎放过。

第八章

上善若水。水善利万物而不争，处众人之所恶，故几于道。

居善地，心善渊，与善仁，言善信，正善治，事善能，动善时。夫唯不争，故无尤。

第八章由水的哲学讲到"不争"的人生智慧，对于各行各业的人生实践，都极具启示意义，所以这一章会让许多人读起来亲切，体会到奥妙处，甚至会禁不住手之舞之，足之蹈之。

在我们的生活中，水像空气一样，是与我们日常需要相伴随的，离不开的。但另一方面，除非空气有雾霾了，水被工业污染了，否则我们不会特别珍惜水和空气，也不会特别关注它们。生活往往这样，越是常见的，越容易忽略，我们的关注和珍惜，总是迟到在失去之后。好在这世上还有哲学家、思想者，他们总能在我们所忽略的地方发现神奇，在我们渐渐麻木的时候唤醒关注。

这里所说的"他们"，当然是个薪火相传的历史性群体，真正的哲学家、思想者，很难，因此也很少成群结伙，拉帮结派，例如庄子，终身只有惠施这一个朋友，而且还是词锋针对的辩论对手。不结伙，并不一定意味着孤独，因为他们可能遇到千古知音，如庄子自谓其"吊诡"之言，"万世之后而一遇大圣知其解者，是旦暮遇之也"，只要智慧的真实性没有问题，时空穿越就不成问题，所以真正的哲学家、思想者，总能在跨越历史的某一个时期找到知音。这一章里，我们就分享一些他们穿越的故事，不为他们，只为我们这个时代放在历史长河中的离奇孤独。

按照现存的文献记载，最早从水的特性中受到智慧启迪的，是大禹。故事记载在《尚书·洪范》里，相传那是周武王向箕子请教长治久安之策的记录。故事里的箕子告诫周武王说，要想取得长治久安，就必须遵循"洪范九畴"，也就是为政的九项原则，而首要的，就是五行，"我闻在昔，鲧陻洪水，汩陈其五行。帝乃震怒，不畀洪范九畴，彝伦攸斁。鲧则殛死，禹乃嗣兴，天乃锡禹洪范九畴，彝伦攸叙"。鲧治洪水，采用的是兵来将挡，水来土掩一招，违背了水润下的本性，所以弄得"彝伦攸斁"，社会秩序很混乱；大禹汲取鲧的教训，采取疏导的办法以顺任水的本性，所以取得良好的社会治理效果，"彝伦攸叙"。父子两代人为政，结果会如此不同，一个导致灾难，一个洪恩济世，可见由水进而认知五行的自然本性，该是何等要紧。这段历史记忆，不管是否带有远古神话的色彩，都在事实上开启了华夏民族以五行来概括万物之理的思维进程，而五行学说的流衍，发源于认识水性的历史经验和教训。

水性润下是自然的，随时随地都可以观察得到。而从水性润下的自然属性中感悟到人类智慧的培养途径，将大禹治水的五行自然之理引申到人格和哲学的层面以发畅其玄思，则是《道德经》的一大发明。正是这项发明，水才被赋予了人格的意义——上善、利万物、不争，被赋予了哲学的意义——几于道。所以历史地看，如果说《尚书·洪范》的"五行"所揭示的是物理之本然，是自然法则，那么《道德经》所谓"上善若水"，则由自然法则推演出人文精神，是文明新精神对更古远历史智慧的回应。下面我们举些例证，以便更舒展地理解《道德经》的思想内涵。

《论语》载孔子说，"智者乐水，仁者乐山"。这两句话正可谓传诵千古，不知被多少人引为名言。但何以知其然？是由于水的特性富于变化而近乎智？而山峦兴云布雨的功能近乎仁？孔子未曾解释，我们也就找不到原本题目的答案，不过，我们可以为孔子补充两条例证，以见仁者确实好山居，而智者对水有更深邃的理解。

"仁者乐山"的典型例证，是商周之际的伯夷、叔齐兄弟。

此二人是孤竹国国君的儿子，因不忍见武王伐纣，以暴易暴，所以义不食周粟，最后饿死在首阳山上。他们当然是彻底和平主义的仁者，厌倦暴戾，慈悲及物。而最能够诠释"智者乐水"的恰当例证，截止孔子时代，无疑要首推老子，老子代表了理解水的一个历史制高点。此前没有谁那么懂水，没有谁像老子那样从水中读出无限丰富的精神含义，此后不断有知识精英围绕水展开人格和哲学的阐发，但思想内涵都滥觞于老子的《道德经》。

例如汉初问世的《韩诗外传》，就曾围绕孔子所谓"智者乐水"，展开过饶有趣味的引申发挥，"夫水者，缘理而行，不遗小间，似有智者；动而下之，似有礼者；蹈深不疑，似有勇者；障防而清，似知命者；历险致远，卒成不毁，似有德者。天地以成，群物以生，国家以宁，万事以平，品物以正。此智者所以乐于水也"（卷3）。孔子才说了一句，《韩诗外传》却说出一堆，似乎发挥得淋漓尽致。但与《道德经》一比较，我们就会很轻易地发现，《韩诗外传》所列出"似有智者"五条，大义不出《道德经》"居善地"七句。例如"缘理而行"的智，盖即"居善地"的题中固有之义；"动而下之"的礼，含义不出"心善渊"之外；"障防而清"的知命，可以从"动善时"中见其端绪；如此等等。所以，《韩诗外传》关于水性品质的这些阐发，形式上是在解释孔子的"智者乐水"，而思想内涵则继承《道德经》，是将《道德经》与儒家伦理结合起来的重新解读，其中包括德、礼等儒家伦理的核心概念，但这些概念的新内涵，却是从老子的水哲学里引申出来的。

当然，《韩诗外传》的重新解读对我们也有所启发。例如说水"缘理而行，不遗小间，似有智者"，意味着水对其所流经的各种地形地貌环境，无不适应。据此以解悟《道德经》所谓"居善地"云云，意思就不是选择某个好地方居住，而是居住时要与所在环境相适应，如果找不到这种"善于"的适应感觉和协调方式，那么即使住在天堂里，也总会有许多别扭的地方。以此类推，"心善渊"意即心思善于沉静，深邃而安详；"与善仁"不是说付出时要故作仁爱秀，而是说付出受自我仁爱之心的支配，不可造成对他人的道德挟持，否则就不算"善仁"；"言善信"之言，当然不是多诺寡信的夸海口，也不是数言或中的胡诌，而是像水流必至一样的契合自然之言；"正善治"则上下无抑抗，治理社会的措施与社会的主体特性、需求等相适应，而非从某个设想的先验模式出发，鲁莽灭裂，不得不强行"恶治"；同理，"事善能"是善于发挥固有的能力去做事，既不能强努着，也不能无视潜力潜能；"动善时"的意思当然不是伺机而动，而是因应时势，适应不同的时空环境以动用不止。按照这个思路静心品味《道德经》由水所生发的智慧，会有无穷余韵像暗泉一样，从我们的精神世界中冒出来。

第九章

持而盈之，不如其已；揣而锐之，不可长保。

金玉满堂，莫之能守。富贵而骄，自遗其咎。功成名遂身退，天之道。

《道德经》的第九章，可以作为由浅入深的一篇范文来阅读。

浅会浅成什么样？深能深到哪里去？这取决于我们自己的态度。如果将《道德经》当作朋友之间的聊天，那么从浅到深的空间就可以很大，但不妨碍其内在思想逻辑的一致性；如果将《道德经》当作古奥的圣典，像冬天里拿着一块冷馒头那样去啃，那么不管有多么强烈的知识饥渴，都会在情绪上感觉很生硬，哪章哪句都佶屈聱牙，字字晦涩。

例如第一句"持而盈之，不如其已"，就既可以照着生涩的套路去研究，也可以放到生活中来体会。生涩的套路留给别人，我们讲讲生活化的层面。在这个层面，"持而盈之"差不多是人人都曾有的切身经验，例如一盘盛得满满的菜汤，要从灶台端上餐桌，不紧张才怪。如何"其已"，化解这种紧张呢？不同的人有不同的办法，而最好的办法就是不要"盈之"，汤满则溢，所以不要弄得太满了。如果已经太满了，那就不要试图去"持"，放下比端着更明智。

"金玉满堂"的经验，大概仅限于极少数人才有，对于我们大多数人来说，如果不是为了某种道义责任，那么就算能守得住"金玉满堂"，又有什么意义呢？受些审美疲劳的煎熬而已，用时间和生命为金玉服劳役而已，"守"终归是相互捆绑，被动的"守"是身体捆绑，而主动的"守"则是心灵捆绑。至于"富贵而骄"会有什么结果，是否一定会"自遗其咎"？我们不清楚，反正我们是很有耐性的看客。

"揣而锐之，不可长保"一句，则尽可以往深处思索。一名剑客，身怀利刃，要么没用，而一旦用起来，注定就要致命，这类"不可长保"的故事，我们在武侠小说里见得多了，倒也不足为奇。不管怎么说，利刃太贴近自己的身体了，生命就随时都濒临危险。

同样的利刃贴身，也可能不是个人的，而是家国天下的。中国历史经历了无数次的改朝换代，每次新朝开国，都必然拥有一支所向披靡的军队，如汉高祖刘邦，就自称是居马上而得天下（详《史记·郦生陆贾列传》）。确实，没有强悍的军队这把利刃，所谓"天下"就很难更换新主人。而建国之后，军队与新朝政权是贴得最近的，如何安置强兵悍将这把利刃，就成了考验政治智慧的一件大事。在这个问题上，中国历史几乎不能提供像样些的成功经验，倒是正反两面的教训确有不少。

反面的教训就是利刃伤身，由于政治权力与军力贴得太近了，原来被君王"揣而锐之"的军力，在军事强人一念闪动之际，就可能成为颠覆君王及其政权的工具，上演新桃换旧符的砝码。这类教训，在南北朝和五代时很集中，这两个历史时期走马灯式的开国皇帝，大都是前朝的将军。

正面教训是了解军队的双刃剑本质，贴身太近则不可长保，所以在依恃军力实现改朝换代之后，要么大规模裁军，刀枪入库，马放南山，要么频繁更换军队将领，务求兵不知将，将不知兵，结果是按下葫芦浮起瓢，内忧固然解除了，外患却又常来敲门。这方面教训的典型例证，大概非北宋莫属。

宋太祖赵匡胤，原是后周的最高军事长官，号"归德军节度、检校太尉"，以陈桥驿兵变，黄袍加身，接掌后周政权，所以对于强兵悍将左右政治的秘密，再谙熟不过。统一天下后，他采取权力赎买的策略，以财帛子女的福利解除军事将领的军权，即所谓"杯酒释兵权"，从而摆脱军事强人频繁导致政权易帜的历史怪圈，维持着社会的相对稳定。但另一方面，军队无强将，兵员又不更新，所以战斗力大打折扣，在面对辽、金、西夏的侵扰时，就暴露出军事软弱的所有问题，最后只好政权南迁，大宋演变成偏安一隅的南宋。

从正反两方面的历史教训来解读《道德经》，则问题的关键不在于要不要"锐之"，否则不成其为"国之利器"，而在于如何"揣"，在于揣大器不可以执小方。就像《庄子》说的，"藏舟于壑，藏山于泽，谓之固矣。然而夜半有力者负之而走，昧者不知也。藏，小大有宜，犹有所遁。若夫藏天下于天下而不得所遁，是恒物之大情也"。藏天下于天下，由国家揣着"国之利器"，个人不代大匠斫，是老庄提出的建议。按照这个建议，则即使是"国之利器"的缔造者，也可以在功成名遂之后，退身而出，不再"揣"着不放。

第十章

载营魄抱一，能无离乎？专气致柔，能婴儿乎？涤除玄览，能无疵乎？爱民治国，能无为乎？天门开阖，能为雌乎？明白四达，能无知乎？生之畜之，生而不有，为而不恃，长而不宰，是谓玄德。

打开《道德经》第十章，迎面而来的是一连串的考问。这些考问，在我们的日常生活中往往习而不察，而哲学家、思想家是些特别敏锐的人，总能在我们的习而不察之处起疑情，发现某些不说不知道、一说吓一跳的问题。问题的答案，当然就隐藏在提出问题的动机之中，只是提问的人偏喜欢引而不发，所以提问动机中究竟蕴藉了什么样的思想内涵，要靠我们自己去寻找。

第一问之所谓"营魄"，也就是灵魂和肉体。灵魂与肉体是应该保持浑融合一，还是应该放任甚至催化其分离？从异质文明相互比较的角度来看，确实是一个问题。围绕这个问题，不同的宗教以及由之衍生出的哲学、思想传统，不仅会有不同的表述方式，甚至会有不同的观点立场。由《道德经》所开创的，是道家道教以及中国传统的表述方式和立场。

在亚伯拉罕（或易卜拉欣）宗教中，肉体很卑贱，因为那只是上帝抟土做成的两个人形躯体，叫作亚当和夏娃，而灵魂则极高尚，因为那是上帝对着亚当和夏娃亲自吹出的一口气。由这口气所创生的人类灵魂，当然就成了人类走向天国的向导。从这个宗教传统中衍生出的西方哲学，顺理成章地追求从自然王国走向自由天国，自然被认为是灵魂受制于肉体的状态，而自由则是灵魂摆脱肉体束缚、获得意志独立的升华。按照这个宗教—哲学传统，灵魂与肉体的分离并不是什么值得大惊小怪的事情，反倒是灵魂为何要在肉体中滞留？为何要选择与肉体混沌一团？才是需要穷诘的问题。

中国没有亚伯拉罕宗教那样的传统，中国人的灵魂当然也就不是上帝的那口气给吹出来的。围绕灵魂与肉体的关系问题，中国的宗教—哲学传统不仅独自展开过十分宏富的思辨，而且积累了许多真切的生命体验，只是在这个简短的《道德经》解说里，我们无法展开来讲，姑且举一个常见的比喻为例，相信善于举一反三、见微知著的读者诸君，能够从这个比喻中体会到中国思想的神韵。

将肉体比作灯油，将灵魂比作火，就是一个常见的比喻，很简单，但灵魂与肉体的三重关系，被这个比喻清晰地表现出来。第一，灵魂不可能脱离肉体而存在，正如点灯不能没有灯油；第二，点燃生命的灵魂火种，可以在人与人之间传递，所谓薪尽火传是也，由此述而广之，则灵魂的创造物亦即文明，可以由人类共享；第三，不为点灯照亮黑暗，就不需要灯油，所以灵魂是肉体存在的价值。按照这个比喻的寓意来理解《道德经》之问，则灵魂与肉体在现实中固然呈现为相对的二物，一体一用，有所区隔，但在我们的主观世界里，却必须有意识地追求二者的浑融合一，保持二者平衡一致的状态。否则，脱离灵魂的肉体会沦落为行尸走肉，而脱离肉体的灵魂则会异化，成为个人疯狂和社会文明变态的诱因。

婴儿既柔软，也柔弱，但保持着元气的生生不息，所以在道家道教看来，婴儿的内在生命力，比任何一位肌肉健硕的壮汉都更强健。如何让身体保持在"气"的状态呢？道家道教发展出一系列的养生方法，诸如吐纳、导引、存思、内观、内丹，等等，但练习这些方法的前提是，必须意识到柔弱近乎元气，而元气近乎道，所以柔弱是比壮硕更强健的生命状态。《道德经》的这一问，可以说就旨在解决养生的前提问题。

"涤除玄览"是道家所提倡的形而上玄思的方法，有学者称之为"理性直观"。"涤除"是清洗由知识、经验等积累而成的各种成见，"玄览"是不用五官六识、不拘固有成见去感悟"道"的存在及其内涵，"无疵"是不留丝毫成见，以免一叶障目。这套玄思的方法，既可以用来培养具有东方神韵的哲学家，也常见用来唤醒"妙万物而为神"的宗教体验。

爱民治国而无为，是道家的基本政治主张，因为后文还会多次重复出现，所以这里就不展开叙述了。只强调一点，道家之所谓"无为"，不是什么都不做，而是要放下主观意志，顺任道理和民意去做。只要所做的事情在道理和民意之中，那么不管做了多少、多大的事情，在道家看来都属于"无为"境界。

"天门开阖"指生死之际。世间的一切生命，可以说都处于生死之际，生与死是同时存在的，生的状态就是死的过程。这个道理说起来很冷峻，但却是客观的事实，采取回避的态度改变不了什么，而直面事实并且自觉选择处慈守柔的生活方式，反倒可能延缓"物壮则老"的进程。

"明白四达"的人当然博学而聪慧，但人之所以常犯错误，往往由于自以为明白，自以为万般端绪尽在掌握之中。反之，抱持着对于事理未能尽知的敬畏之心，谦虚谨慎，虽然未必就不犯错误，但可以少些，尤其是那种主观臆断的错误。对于博学聪慧的人来说，要真正做到这点确实很难，但换个角度来看，越是博学的人就越能发现一个更大的未知世界，越能意识到自己的无知，所以"明白四达"的人自视"无知"，是合乎逻辑的。

静下心来体会《道德经》的这一连串考问，或许能丰富我们的精神世界、调整我们的生活态度。毕竟，爱读《道德经》的人都是善于思考、能够宁静致远的人。

第十一章

三十辐共一毂①，当其无，有车之用。埏埴②以为器，当其无，有器之用；凿户牖以为室，当其无，有室之用。故有之以为利，无之以为用。

车子、杯子、房子，在最日常的生活中我们也能发现这三样东西的共性，即笼统地说，三者都是日常生活用品。除了日常所需之外，这三样东西还会有什么别的共性呢？我们似乎很难想得出来。例如近些年，炒房的都赚了，而炫耀高档车的，随着价格波动，在投入、产出的账面上终究亏了。至于一只杯子，除非是古董，否则根本就不能与车子、房子相提并论，所以好些人都拿车子、房子去炫耀个人身份和成就，但谁也不会指望一只杯子也具有同样的撑面子功能。

---

① 毂（gǔ），车轮的中心部分，有圆孔，可以插轴。
② 埏（shān），以水和土；埴（zhí），黏土。

《道德经》的思路，习惯出人意料。虽然同样从日常经验的角度来观察车子、杯子、房子，却得出了一个意义很超越的哲学感悟，即有无体用的微妙关系。

"三十辐共一毂"是古代的木质车轮，三十根木条支撑在车轴与轮框之间，制成坚固的车轮。在古代，这大概是造车的核心技术了，所以《庄子》中有一个关于轮扁的寓言。寓言中的木匠轮扁说，削木为轮有各种轻重缓急的技艺，只能各人领会，得乎心而应乎手，是不能相互传授的，老子不能传儿子，徒弟不能学师傅。根据这个切身经验，轮扁告诫齐桓公说，读古人书，学习古人治国理政的经验，只能得到些糟粕，学些皮毛装装样子而已，精髓是学不到的。这是道家关于经验与应用的理论，认为历史经验必须转化为切身体会，产生真正的理解，才是可用的，而机械模仿的历史经验主义，非常不靠谱。

《道德经》也讲应用，但不是相对于经验来说的，而是着眼于"体用"这对更具有普遍意义的范畴。例如，就车轮作为一个完整的"体"而言，必须有车毂的方孔以与车轴榫接，才能够架起双轮以运行，方孔就是个"无"。就车子作为一个完整的"体"而言，必须有车厢的空虚，才能够承载人和物，发挥车子的作用，空虚也是个"无"。

对于"三十辐共一毂"的这两种解释，自汉代河上公注解《道德经》以来，就同时存在。而对于现代人来说，道理也很容易明白，只是双轮大都变成了四轮，木质的榫接变成了钢铁的结构。至于车子一切配置的最终目的都必然围绕车厢的空间使用，更加不言而喻。没有车厢之用，再漂亮的车子也只是个模具罢了。模具当然也有用，诸如以实物来展现关于车子的概念、满足审美和拥有的愿望等等，但这些都不是车子作为一种"体"的"用"。据此理解《道德经》的有无体用，则三十辐为车轮的"体"之"有"，而车轮能够发挥作用的关键在于车毂方孔之"无"。车子整体的各种配置是"体"之"有"，而其"用"却在于车厢空间之为"无"。换言之，以有物之实体创造空间之可用，是车子所昭示的平平实实的道理。

举房子为例以说明"体用"关系，道理同样显而易见，谁愿意花大价钱购买一幢建筑面积很大，而使用面积很小的房子呢？所以买房子，理论上说是购置不动产，购买建筑实体的产权，而实际上只是购买了有效空间的使用权。或者换句话也可以说，买的是体之"有"，而目的却在其"无"之可用。

杯子的事亦同此理，就不多说了，以免辞费。

琢磨《道德经》所列举的这三个例子，或许能让偏爱"我有""我拥有"的我们脑洞大开，由此放下"我执"的束缚，进而掌握用"无"的奥妙，也许就能收放自如、受用无穷了。但《道德经》的这一章，也可能会给我们带来理解上的困扰。因为《道德经》仅仅列举三个同类的例子就试图证明"有之以为利，无之以为用"的普遍真理，在逻辑上可能犯了个以偏概全的错误。世界上的万物，用处并不都在于围聚成某个空间，例如菜刀用来切菜，毛笔用来写字，就与围聚空间没有关系，至少是没有直接的关系。在这些事情上，又如何理解用"无"呢？

在历史上，许多注家都试图说清楚这一章的义理，但说法各有不同。比较而言，魏晋时人钟会的解释相对清晰些，我们就拿他来参考。钟会的解释保存在金代人李霖的《道德真经取善集》中，其说云，"举上三事，明有无相资，俱不可废。故有之以为利，利在于体；无之以为用，用在于空。故体为外，利资空用以得成；空为内，用藉体利以得就。但利、用相藉，咸不可亡也。无赖有以利，有藉无为用，二法相假"。

简言之，有为体，无为用，二者是相辅相成的。从有无与体用的必然联系的角度来看，任何一物既成其"体"之"有"，就必然蕴含着可以为"用"之"无"，问题只在于"体"之"有"是看得见、摸得着的，而"用"之"无"要靠智慧去体悟。例如菜刀，最好用的无疑是最锋利的，而最锋利的无疑是刀刃最接近于"无"的。用刀的诀窍，则如《庄子》笔下的庖丁解牛，"彼节者有间，而刀刃者无厚。以无厚入有间，恢恢乎其于游刃必有余地矣"。牛的关节处自有空隙，刀刃又接近于无，以接近于无的刀刃游走在空隙之间，大概算得上用刀的艺术境界了。

毛笔之类的其他事物，当然也可以像体悟菜刀之"用"这样去体悟。东汉蔡邕写过一篇很有名的《笔赋》，其中说，"上刚下柔，乾坤之位也；新故代谢，四时之次也；圆和正直，规矩之极也；玄首黄管，天地之色也"。既赋咏出笔之"体"，也暗示了笔之"用"。

从"体"上说，笔管是硬的，笔毛是软的，像《周易》上刚下柔的乾坤定位；用毛笔写字时，要不断舔墨，就像四季的新陈代谢；静态的毛笔既圆且直，笔毛呈圆锥体形状，是一个规矩方圆的标志；笔管用文竹制成，黄而有斑，笔毛染墨是黑的，又像天玄地黄之正色。这些特征，规定了什么是毛笔之"体"，而其用却在于笔毛柔软能变化，改变"体"的静态，化入动用的流转。

为了强调动用时变化流转的灵性来源，蔡邕想到了原材料，"惟其翰之所生，于季冬之狡兔，性精亟以慓悍，体遄迅以骋步"。古人用最冷季节的兔毫制笔，或许由于这时的兔子要御寒，体毛绵密粗长且润泽，而蔡邕却想到这时的兔子最狡猾慓悍、行动迅捷，以暗示毛笔的灵动之"用"，自有其灵性来源。

显然，感悟毛笔与感悟菜刀的有无体用，意境上是大不相同的，这表明万事万物的有无体用之实相，只可触类旁通，不可以类相推，机械比附，这方面的奥妙，大概只能依靠灵动的悟性去洞观照旷了。而在古代的各种《道德经》注本中，由这一章联想到最多也最玄奥的问题，就是人自身的有无体用。如何通过这个有限的生命体去发挥无限无极的灵性、悟性之洞观照旷呢？古人有古人的见解，今人有今人的体会，不模仿其经验，不羁绊于模式，则人人灵性皆能生根发芽，谁又有理由膨胀自己的"无"之"用"去遮蔽他人"用"其"无"？

第十二章

五色令人目盲，五音令人耳聋，五味令人口爽。驰骋畋①猎，令人心发狂；难得之货，令人行妨。是以圣人为腹不为目，故去彼取此。

物极必反是个自然而然的道理，可人类偏偏要挑战极限。挑战极限当然也有道理，没有极限体验，又怎么能发现物极必反呢？所以蹦极之类的极限运动，吸引着许多试图触碰顶端的人。

《道德经》大概只是观察，不搞挑战。据《道德经》的观察，色彩缤纷固然可以练习眼睛的分辨力，但长久盯着万花筒看，会让人眼花缭乱，头晕目眩，反而什么都看不清。同样，繁复的音调也能练习听力，可是，如果历年被这种音调环绕

———————

① 畋（tián），打猎。

着，即使音乐停了，头脑也还萦绕在旋律之中，那么再好的听力也会受损，例如贝多芬，青年时听力已衰退，中年后就只剩下头脑里的旋律了。

驰马狂奔、呼啸围猎的经历，除开草原那达慕之类的活动，现代人大概很难再重现了，所以是否会让人变得狂躁，就只能听听《道德经》如是说了。倒是五味杂陈会让人味觉失灵的感受，相信人人皆有，尤其是刚过完春节，味觉进了一次"集中营"，还有什么更刺激的东西能吃出味道？许多人都"口爽"了，开始想些新的挑剔的话题，于是饮食又在消费者的催促下，再次"文化"。

"难得之货"也就是奢侈品，如何"令人行妨"呢？古代贵族佩玉，行动要舒缓有节，如《诗经·秦风·终南》里的"君子至止"，"佩玉将将"，就好像能让人听到佩玉锵锵撞击的节奏。没有这样的节奏，就不合乎君子风度，但一切行动都要合乎节奏，岂不束缚得很？所以"令人行妨"。

《周易·系辞》里还有句话说，冶容诲淫，慢藏诲盗，家里堆满或者身上挂满奢侈品的人，通常都很紧张，没有安全感，看谁都不免有些敌情意识。别人是否当真可疑，且不好说，单这疑人的心态，就很"行妨"了，所谓疑心生暗鬼，很不自在。所以道家主张不搞极端，不求奢侈，复归于朴素自然的生活。

道家的朴素生活，也太单调了吧？也许吧，但内心世界可以无限丰富。人的精神，恰如视力，看我们聚焦于什么。如果聚焦于事物的表面，那么事物背后的相互联系就被遮蔽了；如果透过事物的表面，凝视表象背后的相互关联，那么事物的另一层真相就朗现出来了。生活也有不同的聚焦，聚焦于物欲表面是一种满足，聚焦于精神深处又是另一种满足。

像道家这样满足于朴素的生活，是否会让社会的发展动力日渐衰退？其实不一定，因为道家的主张只是对追求表象繁华的一种矫正。而且历史上，从来就没有过全社会都听信道家主张的阶段，汉初的"文景之治"，也只是政治上尊奉黄老无为，其目的，恰恰在于恢复长期战乱的社会活力，而且事实证明这套政治方略是有效的，所以才成就了稍后武帝时的大汉帝国。在道家学说受到追捧的初盛唐时期，社会其实达到了繁荣昌盛的新高度，发展的动力，并未因其清静无为、朴素寡欲之说而消褪。所以在道家矫正表象繁华的同时，世界可以五颜六色，可以有极限运动，可以有交响乐，甚至也可以驰骋或者跑酷。毕竟，整体上的道家是一个主张宽容和多元的思想体系。

第十三章

宠辱若惊，贵大患若身。何谓宠辱？宠为下，得之若惊，失之若惊，是谓宠辱若惊。

何谓贵大患若身？吾所以有大患者，为吾有身，及吾无身，吾有何患？故贵以身为天下，若可寄天下；爱以身为天下，若可托天下。

第十三章从宠辱若惊的个人感受说到什么样的人可以作天子，意思的表述有些纵横捭阖，但内在的思想逻辑还是一致的，因此也是可以理解的。

宠辱若惊的感受，大概在威权时代最强烈，事例也最典型。因为威权时代的权威，太集中于皇帝一人之身了，自宰相、大臣以下，莫不惊恐于天威难测，所以无论得宠还是失宠，都会引起内心的恐慌，以至每次给皇帝写个奏章之类的政治报告，本来是谈些社会公共事务的，也要加上"臣诚惶诚恐，昧死以进"之类的后缀，以自表"我怕你，不敢冒犯天威"的心迹，先行讨饶。

为什么要先行讨饶？这里面的秘密不在于事情做得对不对，话说得对不对，而在于合不合乎皇帝的心意。因为皇帝的心意比法律、比道理的权威都更高，同时又更难揣摩，所以无论是受到皇帝的恩宠还是侮辱，都同样让人恐慌。得一次宠就忘乎所以的人，必定是没什么头脑的人，不知道恩宠既可以莫名其妙地来，侮辱也就可以莫名其妙而至。而有头脑的人都明白，在皇帝的心意这个潜规则不稳定、不明确的状态下，宠和辱其实是一回事。

例如道家的先贤列子，住在郑国，郑国国君听人说，列子是位有道之士，住在郑国却忍饥挨饿，国君将要背负一个不崇尚贤能的坏名声。于是，郑国国君派人给列子送去些小米，而列子委婉拒绝了。列子的老婆有些抱怨，而列子只好笑着解释说，国君自己不了解我，只是听人说些什么才送我小米，将来有朝一日，也会听人说些什么而致我于罪（见《庄子·让王》）。显然，列子所拒绝的，不仅仅是老婆孩子所需要的小米，还有他自己所不需要的君王潜规则。大概也只有列子这种人，才可能跳出君王宠辱的网罗，让威权无所施其技，以至举世赞誉都不能让他受到鼓励，举世非议也不能让他沮丧。

"贵"是显贵，通常与达官连在一起说，是由政治权力造就的。用政治权力造就某个或者某类人为达官显贵，目的当然在于为社会树立符合己意的价值观，是意识操控的一种策略。正因为显贵也是受操控的，是自上而下的恩宠，所以在道家看来，表面上威风凛凛的显贵，其实是悬在心头上的一连串的隐忧、暗疾，祸患之大，与自身相等；祸患之深，像爱惜自身一样难解于心。以至念兹在兹，浑然不觉自身已因显贵而濒临险境。

真正爱惜自身的人，将自身就看作一个完整的"天下"，所以不会拿自身去和地位、利益做交换。在道家看来，也只有这样的人，才配得上以天下相托，作为天选之子，充当天下的共主。这也就是第十三章末后两句所说的"以身为天下"，可以"寄天下""托天下"的人。

谁会是这样的人呢？历史上曾有过尧舜禅让的传说，也就是主动将君主职位传给某位社会贤达。但禅让究竟是一种制度还是一种德行？作为制度是如何保障的？作为德行又是如何衡量的？这个历史谜题至今困扰着学术界。学术界要为新的制度建设找到某个古老的经验参照，参照的动机不同，就决定了对历史真相的发掘和解释各不相同。先秦道家自庄子伊始，也曾发掘过这类经验参照，而动机就是阐发《道德经》第十三章的思想，所以在这里，我们不妨援引《庄子》来诠释《道德经》。

《庄子·逍遥游》讲了个唐尧让天下的故事，不过，禅让的对象不是历史上的虞舜，而是故事里的许由。为什么要禅让天下？庄子帮唐尧想好了劝进许由的理由：爝火不可与日月争辉，浸灌不可与时雨比德。你站在这里就让天下得到了治理，而我还占据着天子之位，我觉得自己很无聊，请你接受天子职位吧。许由的回答，想必让唐尧很尴尬：小鸟在丛林里筑巢，只需要一根树枝；鼹鼠饮黄河之水，只需满腹而足。我拿天下没什么用，所以你还是回去吧，我不想干那种越俎代庖的事。

《庄子·让王》继续讲这类故事，不仅讲得绘声绘色，而且将拒绝当王的意愿讲得更透亮。如说，人自立于宇宙之中，春耕足以劳动肢体，秋收足以休养生息，日出而作，日入而息，逍遥于天地之间而心意自得，要天下有什么用呢？"唯无以天下为者，可以托天下也"。

不过，以寻常的眼目看，道家的这般思想，似乎有些自相矛盾，甚至陷入了某种悖论。如果说可以托天下的人注定不会接受天下，那么天下又该如何确立一位"天子"呢？这就是个矛盾，无解。而站在道家的立场上看，没有"天子"，人就不能活了吗？况且，"天子"的最高境界，应该只是个精神上、信仰上的象征而已，"太上，下知有之"，老百姓只要知道有那么一个"天子"，是社会共同体的精神领袖，这就很好了，何必弄出个"天子"来让大家"宠辱若惊"呢？

第十四章

视之不见名曰夷，听之不闻名曰希，搏之不得名曰微。此三者不可致诘，故混而为一。

其上不皦①，其下不昧，绳绳不可名，复归于无物。是谓无状之状，无物之象，是谓惚恍。迎之不见其首，随之不见其后。执古之道，以御今之有，能知古始，是谓道纪。

《道德经》的第十四章，与第一章有些类似，都是描述"道"本体的，但角度有所不同。

第一章首先拎出"道"这个概念，然后放在"玄之又玄"的思想实验室里，左审右视，说有说无，是个高打高举的纲领路线。而第十四章从感性认知说起，将形而上的"道"本体拉

---

① 皦（jiǎo），明亮。

回到形而下的感性世界里来猜想，所以表述形式就像是一道谜题。除了最后两句的"执古之道"云云，其余的文句都可以看作谜面，而谜底当然就是"道"。如果我们有兴趣做游戏，或许也可以用"道"作谜底，自行创作一个谜面，然后比比看，是否比《道德经》说得更贴切。这当然很难，但很有趣。

佛教讲真如实相，时常会用到一句话，"说着一物便不是"。道家讲"道"，也常见类似情境，所谓"视之不见""听之不闻""搏之不得"，就都属于"不是"的行列。不是什么？不是"之"这个指示代词所指称的"道"。既然单一的视、听、搏等感知形式都不能触及"道"，不能架起认知"道"的桥梁，是否就意味着"道"是不可感知的？也不是，因为人的各项感知能力，可以融化成一个整体，"混而为一"。这个"一"，在认知能力上是高于视、听等单项之和的，所以，能够发现"道"与可视听之物的不同。可视听之物，总是越往上越光亮，越往下越幽暗，而"道"是彻上彻下的，是"绳绳"般绵延而永恒的，是非实体而不随时空环境改变的存在。由感知能力的"混而为一"而发现"道"，有些类似于康德哲学"先天综合判断"与"自在之物"的关系，但《道德经》含着一层逻辑未尝展开的简洁，谜面般的表述形式，留下许多猜想的空间。

围绕这一章有些学术史纠结的，是"执古御今"问题。因为道家的学术背景，渊源于史官，老子本身又曾为东周王室的守藏史，也就是管理史籍档案的史官，所以《道德经》所说的

第十四章

"执古之道"，容易被误解为历史经验主义，需要分疏一二。

《汉书·艺文志》说，"道家者流，盖出于史官，历记成败、存亡、祸福、古今之道，然后知秉要执本，清虚以自守，卑弱以自持。此君人南面之术也"。所谓出于史官，只能就道家的学术渊源和思想风格来理解，即开创者老子曾为史官，而老庄文列等道家诸子的著作都表现出别具一格的历史意识，但列子、文子、庄子，都与史官的职务无关。所谓道家别具一格的历史意识，《汉书·艺文志》已经说得很清楚了，即从成败、存亡的经验层面升华到秉要执本的理性层面。不满足于历史经验的简单复制、模仿，或许就是道家历史意识的别具一格之处。

由此推阐这一章的末后两句，则"执古之道"云云，是遵循古往今来的历史理性、历史逻辑，用以分析、处理当下的事务。因为当下的事务，不是从当下才开始的，事务的表象背后，还有一个决定表象的逻辑必然性，所以面对当下事务，既需要正本清源，还需要勾沉稽疑。所谓"能知古始"的"道纪"，基本的意思就是追溯到古今之变的源头，从已经僵化的伦理、法律、制度等文明形态中，剔掘出文明发生的合理性依据，在响应人类为什么需要这些文明规范的思想进程中，找到文明合理性的基础或前提——"道纪"。

总起来说，这一章从感知和历史两个方面探寻"道"，既可以分开来说，更应该合起来想。

第十五章

古之善为士者，微妙玄通，深不可识。夫唯不可识，故强为之容：豫焉若冬涉川，犹兮若畏四邻，俨兮其若客，涣兮若冰之将释，敦兮其若朴，旷兮其若谷，混兮其若浊。

孰能浊以静之徐清？孰能安以久动之徐生？保此道者不欲盈。夫唯不盈，故能蔽不新成。

如果我是漫画家，我会因这章《道德经》产生一种冲动，迎接挑战，一定要给这位古代修道士画幅脸谱。然而我不会漫画。也许正因为我不会，所以才会冲动，如果真是漫画家，或许就茫然无下手处。犹疑、敬畏、散漫、敦厚、旷达、浑融、淡泊、飘逸，一幅脸谱里如何容得下这些线条？一张脸上如何挂得住如此复杂的神情？如果不像道教的南宗五祖白玉蟾那样，先画一个圆，然后说"道，就是这个"，大概也就没有其他更好的画法了，就只好承认这位修道士确实"深不可识"了。

就《道德经》的本义而言，"深不可识"当然是道本体的人格化，即道的内涵内化为人的精神气质，精神气质散发出敦厚、飘逸等人格魅力。这样复杂的人格，如果和光同尘，那就蛮可爱，像是一个随缘去就的老顽童，可以陪着你玩各种游戏，老成的，童稚的，入俗的，出尘的，自自然然，逍遥倜傥；如果"深不可识"只是做作的形象秀，装深沉，扮远旷，说话行事推宕恍惚，首鼠两端，故意让人莫测高深，那就有些面目可憎了。受《道德经》所谓"深不可识"的影响，这两种人格表现一直都广泛存在，而装扮做作的可能更多些。

同样在修道的名义下，同样追求道的人格化，为什么会有如此这般的天壤之别？缘由很简单，不是所有的修道者都怀有道化的内在精神。没有内在精神的形象秀，其实很容易被识破，不值得放到文字里去针砭，但由于在历史上，曾经有过将道家"深不可识"的精神人格演变为装腔作势的"君人南面之术"，所以研读这一章时，需要有所甄别。

所谓"君人南面之术"，也就是《韩非子》所说的"主道"，核心在如何驾驭群臣。《韩非子·主道》就是专门教君主干这个的，如说，"函掩其迹，匿其端，下不能原；去其智，绝其能，下不能意"。意即君主要掩盖自己的意图，模糊自己的执政方式，隐藏自己的实际能力。为什么要弄得这样"深不可识"呢?"寂乎其无位而处,漻乎莫得其所。明君无为于上,群臣竦惧乎下"。简言之,君主越是"深不可识",群臣就越是害怕。而让群臣害怕,就能巩固君主的权威、地位,所以是南面称王的秘密武器。

无疑,历史上践行这套"君人南面之术"的,代代不乏其人。结果如何呢?我们举一个例证。《史记》载太监赵高劝秦二世说,"先帝临制天下久,故群臣不敢为非,进邪说。今陛下富于春秋,初即位,奈何与公卿廷决事?事即有误,示群臣短也"。与群臣一起商议政事,会暴露秦二世的无知无能。于是秦二世听信了赵高的这套"南面之术",躲进后宫,大小政事在后宫里与赵高裁决,因此就有了"指鹿为马"的中国政治剧本。中国历史上的太监政治、嫔妃政治,大多数就是这么来的。

作秀的"深不可识",确实糟糕透顶,但这怨不得《道德经》。《道德经》讲修道士,或许有些陈义太高的毛病,企羡的人做不到,就只好装。但好装的人,终归是要装的,不装成这样,就会装成那样,《道德经》只是无意间说出了一个可供装扮的模样而已。若就《道德经》本身而言,这个模样既不是空穴来风,实有其历史文化渊源;也不是无聊时的漫画涂鸦,而有其哲学上的真实含义。这两点《道德经》本义,大概是装不出来的。

何以见得《道德经》的说法实有其历史文化渊源?很简单,因为经文中明明白白写着"古之善为道者"。按照常识,将"道"推崇为最高概念并且展开系统阐述的，正始于老子的《道德经》，此前华夏文明的最高概念不是"道"，而是天、帝、德、礼，等等，更无所谓道家，何来的"古之善为道者"？这个问题也不难回答，所谓"古之善为道者"，是老子从更古的文化中概括出来的，不是更古的人自称的。

进而言之，老子可能将什么样的人概括为"善为道者"？这要从复杂脸谱所反映的精神气质上来探寻。就笔者读书所及，在比老子更古老的文化人物中，最可能戴得上这个复杂脸谱的，应该是《国语·楚语》里所描述的古代巫祝，"民之精爽不携贰者，而又能齐肃衷正，其知能上下比义，其圣能光远宣朗，其明能光照之，其聪能听彻之，如是则明神降之"。巫祝不但要有凝神专一，斋戒精洁的持身修养，要有通天彻地的智慧，还要有散发光芒般的社会感染力，有聪明超群的才能。显然，这样的巫祝，脸谱也很复杂，而且像《道德经》的"善为道者"一样，拥有超能力。"善为道者"的超能力是让浑水澄清，让沉寂再生，巫祝的超能力是让"明神降之"，前者是哲学王，后者是宗教家，职业特征决定超能力的表现有所不同，但二者的精神气质，都不是"知效一官，行比一乡，德合一君"者所能比拟的，是非凡的。据此看来，更古的巫祝应该是《道德经》"古之善为道者"的一大历史文化渊源。二者当然有差别，但那是哲学王对宗教家的升华。

毋庸置疑，《道德经》断然不会"为赋新词强说愁"，之所以要讲述这么个"古之善为道者"的故事，必有其哲学实义，其表述，就是本章最后的两个发问：一问谁能让浑水澄清，二问谁能让沉寂再生？这样的设问当然是隐喻，答案不能是明矾和生物学工程。明矾能加速沉淀，生物工程能从枯骨中提取DNA，克隆生命，但这些都不是老子所要思考的事情。老子所要思考的，是如何"蔽而新成"，就自然而言，是在冬季的万物大收敛中依然保持不变的那股生机；就社会而言，是在历经丧乱、文明凋敝、生计萧条之后，如何激活社会重建的动力。自然的生机，无为而成，而社会的重建，则需要哲学王的感召和指引。《道德经》所描述的修道士，就是这样的哲学王。

哲学王当然不同于"马上得天下"的君主，不依恃武断和暴力。在面对一个丧乱凋敝的时代现实时，他不能不犹疑而慎思，本着敬畏之心，忧思重建的文明秩序是否会重蹈覆辙；又不能不敦厚而浑融，以旷达的开放胸襟，海纳百川，整合社会的不同阶层、族群，消除隐患，避免重建的新秩序将社会撕裂成对抗、对立的集团；还不能不进行政治意志、意识形态上的自我解构，放弃操控的意图，以免社会重建过早模式化，丧失其多元互动、调整互适的发展动力。

按照哲学王的精神内涵来瞻望修道士的脸谱，线条是否更清晰了？神态是否也更生动而圆润了？所以《道德经》的意蕴，要细细品味。既不能看见"深不可识"就望而生畏，更不能装扮成"深不可识"让别人望而生畏。

第十六章

致虚极，守静笃。万物并作，吾以观复。

夫物芸芸，各复归其根。归根曰静，是谓复命，复命曰常，知常曰明。不知常，妄作，凶。

知常容，容乃公，公乃王，王乃天，天乃道，道乃久，没身不殆。

《道德经》的第十六章，呈现为思想进程的三段论结构：第一，进入清虚专注的思想状态；第二，洞观万物生成的常理；第三，将这个常理应用于社会。这个三段论的思想进程，也可以表述为思而后明体，明体而后达用。达用是最终目的，但必须从"思"开始。

如何"思"？"虚极"是一种什么样的状态，如何达到？"静笃"属于哪种情形，如何守住？因为这些问题很容易让我们联想到瞑目打坐，所以对于这一章的解读，历来都带些东方宗教神秘体验的色彩，似乎只有修行过，具有类似宗教体验——尤其是道教的存思、内丹等修行方术及其体验的人，才能够找到理解这一章的恰当角度。

然而，宗教体验终究是个体性的，很难确认某种体验是否具有普遍的意义，所以即使在教团内部，这样的体验也只能是三两个人私下印证，以至有"法不传六耳"的习惯说法。而在当代，希望读懂《道德经》的人，远远多于具有相同宗教体验的人，所以如何由"密"而"显"，通过描述其体验和思想逻辑，讲清楚这一章的三段论内涵，是我们所要面对的问题。

当然，描述宗教体验从来都不是件容易的事。佛陀拈花，迦叶微笑，可以意会，不可言传，所以讲起来很神秘。道家的体验也不例外，也很神秘，如《庄子·大宗师》里的寓言，子祀、子舆等四人相与语，"孰知死生存亡之一体者，吾与之友矣"。四人相视而笑，莫逆于心。像佛陀、迦叶一样，笑得心领神会，而外人不明就里。不过，道家的体验曾有前代高人描述过，所以我们只需借鉴，不必另起炉灶，否则在这个问题上，我们可能真的会遇到麻烦。

《庄子·齐物论》描述了一位道家修行者南郭子綦，在几案旁静坐，神情委顿，仰天而嘘，像是灵魂已出窍的样子。弟子颜成子游站在座前侍候，很诧异，不禁要询问，"今天怎么啦？修行者可以让自己形同槁木、心若死灰吗？今天这个静坐的人，不是过去那个静坐的人？"这一问，煞是恰到好处，让颜成子游道出了修行的秘密——"今者吾丧我"。正是在"吾丧我"的状态中，颜成子游闻听到众窍怒号、咸其自取的"天籁"。

那么"吾丧我"究竟是一种什么样的状态呢？学界有一种解释，"吾"是真我，超越了假我。这种解释或许也有个醉翁之意在里面，试图借助自然本我的理念，提升道德意识的自觉，针砭社会角色的虚伪。但道德自觉的"我"，还是有意识成见的，这样的道德意识抒发为外在的神态，即使不必像卫道士那样对谁都正义凛然，起码也不至于蔫然委顿。所以，从《齐物论》的上下文意来看，所谓"吾丧我"，或许可以简单地理解为精神专注，忘却了日常都会有的经验、观念、意识、意志，等等，只剩下一团清虚的灵明知觉，浑然不同昔日之"我"，不知身在何处。《道德经》所说的"虚极""静笃"，大概也属于同类的状态。

进而言之，"吾丧我"的状态之所以出现，必定是由于精神高度专注，并非由于昏昧，因为昏昧中是没有这样一个"吾"的。既然精神专注，就必有其对象。南郭子綦所专注的对象，是大风刮过，众窍怒号。《道德经》在虚极静笃的状态下，也同样有一个专注的对象，即"万物并作"。由此看来，在这个精神专注的过程中，虽然看不见任何一物的"殊相"，却能够洞观事物的"共相"，如众窍、万物之类。

按照常情来分析，人在闭明塞聪的状态下之所以能够洞观事物的共相，必然经过了长期的观察、思索，否则以空观空，必定空无所得。据此理解道家的洞观，似乎可以类比于逻辑学的归纳法，若就其撇开形式逻辑的程序模式而言，也可以说是归纳法的升级版。这样从认识发生的角度来还原道家的体验，或许能让理解变得容易些。即道家在洞观中可以归纳事物的共相，再由共相推阐出常理。这个常理，在道家看来是一切自然秩序的根本。《庄子·齐物论》称之为"天籁"，即一种风吹出千万种调，每种调都是由特定窍穴自身决定的。从窍穴到风吹声调各别，是"咸其自取"的，这个内在的自我规定性，被西晋时的郭象概括为"独化"。《道德经》称之为"归根复命"，即万物在自然大化中虽呈现为万象，但每种象的结果都是对其种根的复归，其呈现是由各自的"根"决定的。显然，"归根复命"与"独化"作为万物常理，在哲学思想的基本立场上是一致的，这也就是道家之所谓"自然"不同于上帝创世纪的关节点。

毋庸讳言，严格按照逻辑规则来衡量，道家的洞观不能算合格的归纳，因为从"众窍"到"万物"，"类"的概念都是抽象的，内涵和外延都是模糊的。尤其是《道德经》所说的"万物"，究竟是总宇宙为一大类？还是指不同的物种各自为类？从经文本身很难看出端倪。也许，在《道德经》的思想逻辑中，强调"万物并作，吾以观复"的重心，不在于对物品进行分类，而在于阐明一个常理的两个方面，即第一，从运动大秩序的角度看，万物是周而复始的；第二，从实体存在形态的角度看，物品是各自为种根的。大到"道生一，一生二，二生三，三生万物"，万物又遵循"反者道之动"的必然轨迹，像是爆炸与塌缩相循环的宇宙，小到某植物的一粒种子，都在这个常理的概括之中。只是由于植物种子的比喻，对于大多数人来说更直观些，所以《道德经》就采用这个比喻，而从"归根复命"说起。

所谓"归根复命"，简单说来就是果实还原为种子。从植物的一个生长周期来看，生根发芽、开枝散叶、开花结果，确实很纷繁，很"芸芸"，但结果总是种瓜得瓜，种豆得豆。所以就果实与种子无所变化而言，是静止的；就果实必然复归种子、遵循其内在规定性而言，是注定要"复命"的；就物种不变、果实各自还原的普遍性而言，"复命"呈现为常态，是合乎常理的。

那么，弄明白这个常理，洞悉纷繁复杂的万物万象，其实遵循着周而复始和种根不变两条秩序原则，对于建构社会共同体，究竟有什么样的启示意义呢？

这个问题看起来很大，很敏感，因为它浮现出将自然法则应用于社会的表象，难免让人紧张。在现代的语境中，所谓将自然法则应用于社会，首先让人联想到的就是物竞天择、适者生存、弱肉强食、用进废退等等，野性暴戾的画面，挥之不去。但在中国传统文化的语境里，"自然"是万物各自有其然而皆可成就的天道，将自然法则应用于社会，概言之就是"推天道以明人事"，推阐天道是一个"知常曰明"的思想过程，明人事是引导社会向"万物并作"的境界升华，绝不仅仅是学着动物去猎食。在理解自然常理对于社会建构的启示意义时，古今语境的天壤之别，是我们首先要注意到的。

而放在中国传统文化的语境里来看，社会共同体建构之所以经常出问题，症结并不在于人类的文明意志不够强烈，更不在于社会集结时缺乏排他性的选择意愿和能力，而在于缺乏真正宽容的精神，尤其是当所谓文明将宽容与排他性对峙起来，将宽容当作诊治排他性之病的药物时，宽容就沦落为以排他性为前提的工具理性，降格为缓解排他性紧张的临时措施，丧失自立为价值理性的基础。换言之，如果没有现实的排他性冲突，就不会想到宽容的本然合理性。而《道德经》所要朗现的，正是宽容的本然合理性。

根据《道德经》的思想逻辑，真正宽容的精神，来源于对万物常态常理的洞观。因为包括一切社会文明形态在内的世间万物，都遵循着周而复始、种根不变的秩序原则，这表明万物都有其自然而然的生成轨迹，有其本然合理的生成形态，尊重其轨迹，容纳其形态，是常理的应然要求，是统领社会之王者的本分，既非恩惠，更不是妥协，所以不管出于什么样的动机、操持什么样的理由，为王者都不能按自己的主观意志割不齐以为齐，不能奢求社会的所有成员都符合自己所设想的模式。唯其如此，真正的宽容精神才可能在社会共同体的建构中展现出来，毋须自我标榜，毋须矫揉造作。

宽容让社会舒展，而舒展让社会共同体更稳固，这个道理，在《道德经》第二十七章里被表述为"善结无绳约而不可解"。一个社会，如果不是由民众的认同缔结起来的，反而依靠外力捆缚在一起，那么迟早有一天，内在的张力会挣断绳索，导致社会土崩瓦解。要避免这样的危机，就必须释放出宽容的精神，维护社会的舒展和稳固。而舒展和稳固，又是实现社会公平公正的必要条件，正如历史已反复证明的，在一个逼仄或动乱的社会里，根本就没有任何公平公正可言。所以《道德经》以类似演绎的方式推阐说，"知常容，容乃公，公乃王，王乃天，天乃道"。如果不能从容地推行公平公正，就只能成为某种特殊利益的维护者、代言人，又如何能成为天下的王？如何撑得起王道、天道的旗帜？

在本章的最后，我们想强调一点，《道德经》的这一思想，既是道家的，同时也是儒家的。如《尚书·洪范》说，"无偏无陂，遵王之义；无有作好，遵王之道；无有作恶，遵王之路。无偏无党，王道荡荡；无党无偏，王道平平；无反无侧，王道正直；会其有极，归其有极"。没有偏斜，不私立一家之好恶，也就是宽容；不结党营私，不以党同伐异的手段撕裂社会，从而形成天下为公的格局，社会整体才可能舒展得开；不谋求用翻手为云，覆手为雨的政治手腕操控社会，任由社会生活的方方面面自我协调，被社会认可的公正原则自然就朗现出来。这样的社会共同体建构，符合王道、天道之极。显然，《尚书》的这段文字与《道德经》的第十六章，可以相互参证、相互诠释。而将儒道两家合起来看，可以说宽容、舒展、公正的"王道"，代表了中华政治文明的主流传统。

第十七章

太上，下知有之；其次，亲而誉之；其次，畏之；其次，侮之。信不足焉，有不信焉。悠兮其贵言。功成事遂，百姓皆谓我自然。

这一章讲领袖的品格或境界，"领袖学"的意味很浓郁，而距离我们的日常生活似乎很遥远。但转个角度想想，高居梵蒂冈的教皇固然是领袖，参加"G20"峰会的头头脑脑们固然是领袖，游荡在街头的孩子王也未尝就不是领袖。由此述而广之，诸如种田的、牧马的、放鸭的，等等，在各自的世界里也同样是领袖，同样发挥着决定行动方向、选择生存模式、协调整合资源、主导组织建构的首脑作用。从这个角度看，在不同的范围内、不同的事项中、不同的情境下，我们每个人都是领袖。至少在精神上，我应该是我自己的领袖。

既然领袖遍地皆是，那么《道德经》的这门"领袖学"就有些意思了，就可以说给所有人听了，不至于成为"屠龙术"。因为社会上的某些公众领袖，碍于架子和面子，很难降尊纡贵，俯下身来听老子的话，所以《道德经》的"领袖学"，在"君人南面之术"的行业里，不免有些"屠龙术"的无所施其技之忧。现在好了，既然时代鼓励我们发扬自作主宰的自由精神，那么我们也就有些兴趣，来琢磨琢磨《道德经》的"领袖学"。不为别的，只为弄清楚"我"怎样当好自己的领袖。

就"我"而言，大概只有精神意志堪当领袖之任，其余的智力、体力，包括头脑的思考、五官的接受和分辨能力，手上的技巧、腿脚的支撑、肩背的承受能力，以及知识和经验的积累、社会关系和社会身份等资源状态，举凡受精神意志支配的有关"我"的一切，都可以算作民众。面对这些民众，"我"的精神意志如何当好一个具有"太上"品格、达到"太上"境界的领袖呢？

按照《道德经》的衡量标准，"太上"级的领袖，不讲究有无高贵的出身，有无强势的军政后盾，有无特殊的韬晦谋略，也不讲究什么软实力，不谋求一言九鼎，万众瞩目，只要"下知有之"，就可以了。

这么说来，做一个"太上"级的领袖岂不很容易？这要看作领袖的如何自我定位了。如果领袖自认为只是共同体的精神象征，就像精神意志不强求肢体拔着头发离开地球一样，不强求民众去实现领袖的幻想，执行领袖的特殊意志，让民众在自然的状态中自由自在地生活，那么民众就会常常意识到有这样一位领袖存在，从而各安其位，各治其业，就像手足一样，自然协调，自觉配合，而做领袖的也很容易。反之，如果领袖将"太上"当作太上皇，不但有许多未了的意志要求实现，有许多利益偏好需要安排，而且还要不时刷刷存在感，担忧被人遗忘了，就像精神意志，将自己当作神一般的天才，自以为出身高贵，怀有许多非凡的设想，即使梦寐了，也还要支使身体去完成这样那样的动作，弄得身心难安，那么要想"下知有之"而各安其位，可就有些难了。

　　显而易见，《道德经》所倡导的"太上"级领袖，是个清静无为的正神，有事不慌，无事不忙，让人彻底放松下来。但这种放松状态会不会引发另外一些问题呢？许多人都会有这样的疑虑。因为在我们个人的感受中，精神意志一旦放松了，惰性的情绪就会掩袭过来，身心懒洋洋的，作风松垮垮的。这种状态延宕久了，想不颓废都难。一个国家，一个社会共同体，也会出现同样的状况，所以在历史上，每当道家学说盛行过一段时间之后，都会出现另一种思潮，呼唤励精图治的大有为之君，扫荡积弊，提振积极进取的社会风气，如汉初从文景之治到汉武帝，北宋时期从仁宗到神宗，等等。这样的历史进程，宏观上就构成文武之道、一张一弛的格局。从这个角度来看《道德经》之所谓"太上"，意义似乎也只是相对的，只在紧张之后需要松弛时，具有相对的合理性。

　　然而我们还是要追问，难道说个人只有在常励志的紧迫感之下才能够成就事业吗？如果一个人真的需要常常励志，不阳亢，就颓废，还有可能成就事业吗？若是正常人，定一个志向，坦然做去也就是了。国家、社会共同体的发展，应该也是这个道理，为什么在领袖清静无为，大环境宽松的状态下，反而就不能有序而持续地发展呢？这个历史老问题，只怕是由制度缺陷造成的。正因为制度将发展的契机太集中于领袖一人之身了，要求领袖充当社会共同体的兴奋剂，不能像个人的精神意志那样，任由身心自然协调，放开肌理机能，朝着既定志向坦然做去，所以才会弄得一统就死，一放就乱，以至领袖难做，左右都不是人；社会难弄，和谐与秩序不可兼得。这样的制度缺陷不补正，所谓"太上"境界，就难免是奢谈了。

　　于是退而求其次，让"我"的精神意志与身心形成亲和关系，虽然意志有些好表现，过于主动，但身心依然能感受到来自意志的关爱，不独断，不强梗，"我"的状态也因此显现得健康而自信。以此言之国家、社会共同体，也就是儒家之所谓"仁政"。仁者爱人，不为政治利益牺牲民众，正如意志不为自我实现而戕害肢体一样，所以民众"亲而誉之"。这样的领袖和政治，虽然不及"太上"的宽松自由，但也很好了，只是在历史上，学者们议论得多，实际范例很少，我们从中挑选一个，以便对"仁政"的实际情形有个直观的了解。

　　《孟子·梁惠王》和《庄子·让王》讲到同一个故事，即周王室的祖先太王亶父，最初居住在邠（今陕西旬邑县西南）这个地方，大概是个局部农业定居的模式，而游牧部落狄人常来侵扰。太王亶父为息事宁人，先后给狄人送去兽皮布帛、犬马、珠玉，而狄人侵扰不止。于是太王亶父和百姓们商量说，"狄人想要的，是我们的土地。我听说，'君子不以其所以养人者害人'，百姓们也不必担心没有君主，所以我要离开这个地方"。随即迁徙到岐山下定居。而邠地的百姓爱戴其仁德，像赶集一样相继迁居过来。于是岐山就成了西周的发祥地。

这个故事显然不能从守护家园的角度来分析，因为力量不对等，强行对抗无异于驱民入虎狼，而太王亶父的仁德，就在于不将百姓当作自己领地的祭品，不让以养民为目的的土地变成置民于死地的缘由。百姓因此爱戴追随之，"亲而誉之"，形成一个情感认同的社会共同体，也就理所当然。

中国的传统政客讲政治，总离不开一个习惯用语——恩威并施。这套用来操控的驭人权术究竟会产生什么效果，我们局外人不得而知，但对于行使权术的动机，还是看得明白的。所谓施恩，意图不外乎收买感情，是仁德政治的一个变异体；所谓施威，目的只是要让人害怕，是以恐吓来掩盖自身政治惰性的权威主义的滥觞。一个让老百姓害怕的领袖究竟能走多远呢？《道德经》说"畏之""侮之"，紧跟在害怕后面的，就是"侮之"了。"侮之"不一定是政治批评，因为没有渠道；也不一定是诅咒斥骂，因为没有面对面的机会；但在山高皇帝远的僻野，在老百姓的内心深处，却尽可能生出轻蔑、鄙视的情绪，与领袖离心离德。国家、社会共同体一旦沦落到这种格局，那就与生命个体陷于癫狂别无二致了。生命个体的癫狂不正是精神意志与身心相撕裂的表现吗？局势到了这种地步，《道德经》也就不再多说了，"悠兮其贵言"。

只是作为"太上"领袖的孤声先发者，《道德经》愿意告诫后人，与其多诺寡信，与其费尽心机地恩威并施以树立威信，还不如自己先相信民众，放手让民众自然自在地生活着。这样不仅能实现领袖的愿望，"功成事遂"，而且民众也确信这就是自己的选择，"皆谓我自然"，社会整体浑然醇和，有序发展，就像个人能做且做到的，正是精神意志想做的，那该有多好。

第十八章

　　大道废，有仁义；慧智出，有大伪；六亲不和，有孝慈；国家昏乱，有忠臣。

第十九章

　　绝圣弃智，民利百倍；绝仁弃义，民复孝慈；绝巧弃利，盗贼无有。此三者以为文不足，故令有所属：见素抱朴，少私寡欲，绝学无忧。

　　《道德经》的第十八、十九两章，思想内容相互连贯，合

并成一章来读，应该也是可以的。义理连贯却分为两章，自从汉代的河上公为《道德经》作"章句"以后，传世的文本就这样了。章句之学由汉儒开创，自成一套注解经典的范式，即为经典划分章节，字解句读，务求详尽，所以有时候也会出现只见树木不见森林的问题。河上公吸收章句学范式解《道德经》，虽划分成十八、十九两章，让人难解其故，但十八章拟题为"俗薄"，十九章拟题为"还淳"，说明河上公对于这两章前因后果的思想连贯性，是有明确认识的。我们就按照这种连贯性来理解。

将这两章合起来，实际上也只有寥寥几句，但在中国的思想发展史上，却像是引爆了震撼弹，让西周以来以宗法制为基础的伦理文明，顿时地动山摇。

西周的伦理文明，包含礼乐孝慈等丰富的内容，发轫于文王，大成于周公，是在汲取殷商两大教训的基础上建构起来的。即一方面，殷商"千聚无社"，虽然统辖的区域地广人众，但缺乏以信仰为基础的社会组织建构，就像装满土豆的麻袋，扎起口子是商王的强权辖区，老百姓都笼罩在麻袋里，而解开麻袋就散落一地，老百姓都成了被遗弃的孤儿，彼此不相关联。文王、周公汲取这个教训，推广宗法制，以同姓宗亲和异姓姻亲的情感纽带，将诸侯国组建成一个以周天子为核心的社会共同体，诸侯国内部也层层复制。于是，社会成为一个由人伦网络维系的有机体，而孝慈仁爱自然就成为这个有机体的精神命脉。另一方面，商纣王暴戾无德，正好拿来做反面教材，本着"周虽旧邦，其命维新"的文化发展方针，持续推广以礼乐教养为内核的伦理规范，从而在民族融合、文化整合的进程中，维持华夏社会共同体的数百年传续。这套伦理文明的历史作用，对于史官出身的老子来说，应该是熟稔的，为什么率先为之悲哀的，又偏偏是老子的《道德经》呢？

历史就像魔术箱，第一次观看的人，通常都猜不准会变出什么花样，直到鸽子飞出来了，也不是所有人都明白怎么个变法。东周以后的历史，就是这样的魔术箱。随着齐、秦、晋、楚等诸侯国的区域性发展，周王室日渐式微，诸侯僭越，春秋战国时代来临，周初开创的伦理文明，似乎突然间就成了过期药品，能否诊治新时代的社会疾病，受到广泛质疑。于是，除了儒家仍坚守伦理文明的老传统，以谋求社会秩序的重建之外，相继兴起的道、墨、兵、法等诸子百家，都试图在伦理文明之外找到更有效的药方。

道家的思想，在百家中最为深邃，所以才有本章的一系列断语，直指伦理文明之所以发生的历史根源，发人深省。不过，由于这两章与第三十八章在思想上有同声共振的效应，而三十八章的展开更充分些，所以发人深省的主要思想内容，我们将留待后文叙述。这里先做个铺垫，看看道家究竟发现了什么问题，以至要痛下断语，鄙薄仁义孝慈等，惊世骇俗。

在我们寻常人的寻常观念中，任何一个参与家庭、社会生活的人，不管是父母还是子女，也不管是公职人员还是平民百姓，遵循仁义、孝慈的伦理，具有智慧、忠诚的品行，无论如何都是应该赞赏的美德，为什么《道德经》的论断会与我们的寻常观念如此不同，非但不为这些美德赞颂讴歌，反而会滋生出如此深沉的悲观？如果我们不甘停留在语言的表面，不急躁地断定《道德经》就是要颠覆社会文明规范，携带着"反智论"的嫌疑，而是像孟子所说的那样，采取"以意逆志"的方法来解读，那么从《道德经》的悲观之意中，又能够读出什么样的立言之志呢？

让我们先留意一下《道德经》的表述方式。"大道废，有仁义"，"国家昏乱，有忠臣"，显而易见，同样的四条，全都是因果关系，是先有一个社会变化的不良之因，才催生出仁义孝慈等试图拯救其不良的果。既然是因果关系，那就具有必然性，像老子这样大具历史眼目的哲人，又何必凭吊已废之"大道"而顿生悲观呢？道家反思文明史，究竟浸润着怎样的情怀？

《庄子》寓言"混沌之死"，或许能为我们解开这些谜团。寓言说，南海的帝君叫作倏，北海的帝君叫作忽，中央帝君名为浑沌。倏和忽时常在浑沌的地盘相遇，而浑沌都招待得很好。为了报答浑沌的盛情，倏、忽按照常情常理，商量出一个办法：人人都有眼耳口鼻七窍，用来视听、饮食、呼吸，唯独浑沌没有。于是，倏和忽每天给浑沌开凿一窍，七天后，浑沌死了。

有时候，我们自己大概就是倏、忽，总是匆匆忙忙地要给别人开窍，也无暇分辨是别人该开还是我们自己想给他开。站在道家的立场上看仁义孝慈等伦理，就是圣人想给我们开我们不该开的窍。因为，如果仁义孝慈等出于人的天性，那么我们的意识和行为自然与之吻合，不需要将它们概念化，以至演变为横生分别的由头、操控人心的工具；反之，如果仁义孝慈等并非出于人的天性，那么这些伦理文明就成了"我"的倏、忽，天天给"我"开窍，"我"的浑沌天性，也就天天都在消亡。

浑沌死，天性亡，大道废，是同一个意思。由大道废而生出仁义，是由浑然无缺的大全之理，沦落为人心谋划的分别之理；由先天无谋而有余，沦落为后天日计而不足。这个文明史方向，将导致人类的精神世界越来越逼仄，以至要依赖孝慈的信念，弥补六亲不和的现实；要期待忠臣的担当，以挽救国家昏乱的现实。在这个自己找病又自找医药的文明史过程中，人类的智慧确实会突变式地增长，但虚伪也会随着水涨船高。当智慧炮制出仁义和孝慈的法则，试图谋求社会生活的规范化时，虚伪也就随着利用这些法则，以个人或集团的利益目标代表社会整体的利益目标。在这样的文明方向和现实逻辑中，人类的生活将会演变成什么样子呢？这正是《道德经》洞观历史而心生悲哀的问题。

文明的方向性问题找到了，接下来又该怎么办呢？是选择离世异俗，高论怨诽，做一个什么都不做、谁都看不懂的世外高人？还是以大无畏的理性勇气，大破大立，为文明重新选择一个正确的方向，将现实文明调整到正确的方向上重新出发？道家的选择显然属于后者。但这需要来源于现实历史的经验参照，否则就只能在空想的逻辑里打转。而在异质文明相交会之前，中华文明自身的历史，只有一种方向性的经验，即周初以来以伦理文明克服殷商政治之蛮荒，而这个经验在春秋战国时期的演变，正是道家所要匡正的，显然不能为道家重选方向的大胆设想提供参照。

大致说来，在中西文明碰撞、中印宗教融摄之前，华夏与异质文明的交流，基本上都是碎片性的。如赵武灵王（公元前325—公元前299年在位）"胡服骑射"，学习游牧民族的作战服装，给宽袍大袖的传统贵族军服消肿，虽然凭着利弊判断和毅力，克服阻挠，最终干成了，但也只是单项的吸收，无关文明体系或方向。有些文明方向之大意的，如秦穆公（公元前659—公元前621年在位）与戎人由余的对话。秦穆公对戎人的社会治理很好奇，问由余，"中国用诗、书、礼、乐、法度推行政治，也还时常出现混乱。戎夷民族没有这些，拿什么治理呢？"由余笑着说，"诗书礼乐法度等，正是中国之所以混乱的根源。最好的榜样如黄帝，制定礼乐法度，率先垂范，但也只取得小治。到了后来，君王一代比一代、一天比一天更骄奢淫逸，总是拿着法度的威权督责臣民。臣民疲惫到极点，就只能反过来，照着仁义的理想怨望其君主。于是，上下怨恨纠结，篡权弑君、杀身灭族的事，时有发生。戎夷民族完全不是这样，虽有上下之交，但自然淳厚忠信，一国之政像一身之用，不知道谁该拿着什么法度来治理谁"。（详见《史记·秦本纪》）

《史记》里的这个故事，不知道真实性究竟如何。因为由余所描述的戎夷社会，诸如一国犹一身的身国同构、不依赖礼乐法度的无为之政等，确实与道家的设想基本吻合，所以我们自然会好奇，戎夷的社会模式，是不是道家设想的经验参照？如果是，那么道家就堪称"用夷变夏"道路的最早探索者；如果不是，那么《道德经》"绝圣弃智"等断然决然的方案，底气究竟从哪里来？

禅宗的云门禅法，有高度概括的三句话，其中的第二句即截断众流。这是让个人从百般纠结中拔越出来的最有效办法。同样，一个文明体系在方向问题上的纠结，绝对不会比个人生活还少，也绝对只有截断众流，才可能展开理性的思考，否则就只能在幽怨、期待等情绪中徘徊。《道德经》的截断众流，就是第十九章"绝圣弃智"等三个连珠炮式的弃绝，这种平地惊雷的思想爆发力，放在哪个时代都振聋发聩。但从其思想的整体来看，剖斗折衡式的弃绝，只是大破的一面，以便放下现实文明规范的沉重包袱，并不是最终目标，所以说，"此三者以为文不足"。所谓"以为文不足",就是没有将最终的真实目标说清楚,还需要"令有所属",归结为"见素抱朴"等三条宗旨。按照这三条宗旨来调整文明的方向,能否唤醒去伪存真的精神意识?这是我们到今天依然要追问的问题。而我们思考这个问题的优势,也许并不在于思想是否比《道德经》的时代更深邃、更系统化,而在于我们所拥有的文明经验参照,比《道德经》的时代更多元、更丰富了,如西方文明、印度文明、阿拉伯文明,等等。这些经验参照对于我们调整自身的文明方向能够发挥什么作用,关键大概在于我们是否具有涵盖乾坤的器量。

第二十章

唯之与阿，相去几何？善之与恶，相去何若？人之所畏，不可不畏。荒兮其未央哉！

众人熙熙，如享太牢，如春登台。我独泊兮其未兆，如婴儿之未孩，儽儽①兮若无所归。

众人皆有余，而我独若遗。我愚人之心也哉，沌沌兮。俗人昭昭，我独昏昏；俗人察察，我独闷闷。澹兮其若海，飂②兮若无止。众人皆有以，而我独顽且鄙。我独异于人，而贵食母。

第二十章的内容，与第十五章有些类似。如果说第十五章是给修道者画了幅脸谱，那么这章就是修道者的自述。从脸谱和自述中，我们隐约可以窥见修道者的精神境界，尽管这种境

---

① 儽儽（léi léi），同"累累"，憔悴颓丧的样子。
② 飂（liù），急风。

界不是我们寻常人轻易就能够达到，甚至也没必要刻意去追求的，以免邯郸学步，与生活常态格格不入。但从鉴赏的角度，却也不妨听听看看，留下个印象，说不准什么时候它就成了一面镜子，映照出我们的焦躁、忧虑、愤怒、气馁等极端情绪，从而蓦然自省，看清极端情绪中的"我"不该是本来的"我"，转而恢复平常心，从容地生活。

俗话说，人争一口气，佛争一炉香。争气也好，争香也罢，只要是存在意志的自然流露，出于人类的本能，就不好说有什么不对。但争气争香的激情，许多时候都是受环境刺激而滋生出来的，本能被环境吹了个气球，不知不觉地膨胀起来，为了争而争，人就很容易争得忘乎所以，结果往往是事撺事，话赶话，争的冲动比本来要争的气还大。人与人难免的摩擦，渐渐演变成人与人人都难免的摩擦，于是就真像哲学家萨特所说的那样，"他人即地狱"。《道德经》大概是想将我们都阻拦在地狱的外面，所以反复念叨修道者的生活。

修道者当然不争，但也不至于麻木，对于唯唯诺诺和哼哼哈哈两种应答的口气、态度，自然像常人一样分辨得出来。既然分辨得出来，那么在应答别人询问的时候，就不能满不在乎，所以说，"人之所畏，不可不畏"，对于众生百态的感受能力，应该还是有的。这里面涉及一个常见的误解道家修行的问题，即认为道家修行就是要离尘去俗，所以对于人事人情，可以漠然罔顾，修成枯木顽石最好。其实，这只是将道家著作中的一些寓言、譬喻坐实了，买椟还珠，对于更重要的言外之意，未能领会。

道家诸子的著作中，传世的有一本《文子》，其中的一段言论，充分表明道家绝对不是要塑造那种麻木不仁的人，如说，"所谓无为者，非谓其引之不来，推之不去，迫而不应，感而不动，坚滞而不流，卷握而不散。谓其私志不入公道，嗜欲不挂正术，循理而举事，因资而立功，推自然之势，曲故不得容，事成而身不伐，功立而名不有"。这部著作的作者文子，有人说是越王勾践的智囊范蠡，也有人说是范蠡的老师，老子的学生。从言论来看，倒是与范蠡的形迹相吻合，如厌弃缺乏灵动的坚滞，主张"循理而举事，因资而立功"，事业成就之后又不矜名、不伐功等等，都可以说是对范蠡传奇人生的概括。不过，这种考据的学问，还需要更坚实的依据才能够做出判断，我们且按下不表，只看其言论所表述的思想，可谓清清楚楚，明明白白，道家不想将活生生的人修炼成化石，不想泯灭人的灵性。

这么说来，修道不修道，是否全都一个样，都要仰赖先天禀赋的那点灵性？当然不是。《文子》给灵性的伸展分清了两条路：一条路是小我意志的膨胀，但最终也只能满足于小聪明；另一条路是因循自然理势，从而引导灵性升华为大智慧。这里所说的因循自然理势，既可以理解为道家的方法论，也可以理解为道家的修行实践，合起来说，就是处世做事，修身养性，也即古人所谓"治国理身"。

要想将因循自然理势的方法涵咏得圆熟，浸淫于自我身心，就不能不进入修行实践，所以在生活方式上，修道者终究还是有些"另类"表现的。《道德经》说，众人熙熙攘攘，如同享受盛大典礼的豪华餐那样陶醉，如同春日游观、登临高台那样春风得意；而修道者不凑热闹、不围观，反而像《诗经·黍离》里的那位诗人，"行迈靡靡，中心摇摇"，"行迈靡靡，中心如醉"，仿佛一个沉思的精灵，漂泊在阴阳消息、万物沉浮之间。众人都自信满满，对什么都弄得清楚，看得明白，进取的目标很明确，自我的表现很充分；而修道者看上去沉闷且单调，行动不够机敏，信息基本闭塞，目标含糊不清，似乎找不到现实的归宿。这样的修道者，究竟在琢磨什么呢？《道德经》说，"我独异于人，而贵食母"，用现代的白话说，就是从大道中吸收无限丰富的营养。

大道亘古以固存，从来不多不少，不增不减，如何能够从中吸收营养呢？对于偏好语言逻辑的哲学家来说，这类表述跳过了许多重要的思想环节，是需要细细盘问的；对于文学家来说，这是个带有诗意的比喻，本意要透过比喻去触类旁通，才能够有所理解；对于宗教学家来说，这类表述表达出信仰和皈依的情感，是人与信仰对象建立联系的纽带；而对于道家本身来说，从大道中吸收营养，就是为灵性选择一条智慧升华的大路，不羁绊于私志小谋，因循自然理势，在熙熙攘攘的人群中，以"我"的真行实践去唤醒社会大全无偏的生活意识。

第二十一章

孔德之容，惟道是从。

道之为物，惟恍惟惚。惚兮恍兮，其中有象；恍兮惚兮，其中有物。窈兮冥兮，其中有精；其精甚真，其中有信。

自古及今，其名不去，以阅众甫。吾何以知众甫之状哉？以此。

第二十一章很有趣，字面上读读似乎挺简单，挺容易理解，但只要稍微往深里追问一句，就会牵带出许多复杂的话题。

照字面来理解，这章从德说到道，重心是要说清楚孔德，亦即大德是个什么样子。因为大德追随着道，所以接着就从本体和历史两个方面来描述道的存在，以揭示大德的含义。这种文章的写法，如果不放到春秋战国时代的历史语境中去理解，那么就确实有些深文周纳，绕了个没必要的大圈子，完全不符合《道德经》一柱擎天的形而上性格。在字字珠玑的《道德经》中，怎么会出现这种为行文而辞费的问题呢？无从索解。

因为《道德经》的两个核心概念，就是道与德，所以经文中道德联动的地方不少，反映出《道德经》的思想主旨或主题。然而，这个主旨或主题是如何确立的呢？是由于老子定了个课题要写《道德经》，因而某些章节从道说到德，某些章节又调转思绪，从德说到道，以便自成体系？还是由于老子发现了什么时代问题，不得不围绕道和德这样两个概念展开阐述，从而为那个时代拨开思想迷雾？这是试图了解《道德经》写作背景的两种思路。思路不同，对《道德经》的整体理解也就大不相同。

《史记》记载了一个传奇色彩很浓厚的故事，"老子修道德，其学以自隐无名为务。居周久之，见周之衰，乃遂去。至关，关令尹喜曰：'子将隐矣，强为我著书。'于是老子乃著书上下篇，言道德之意五千余言而去，莫知其所终"。对于这个故事，我们现在也只能详其流而莫知其源了。从源头上说，司马迁写《史记》时，是别有文献依据，还是挑选了《庄子》寓言之类的神话传说？不得而知。而故事的流变则丰富多彩，尤其是相传汉代的史学家刘向作《列仙传》之后，这个故事就往神话仙传的方向一路发展，在道教中被文学化地放大，最终演变成"青牛西去，紫气东来"，太上老君历世开劫度人，等等。

其中的"关令尹喜"四字，甚至分流出两个人物版本，一个是关尹子，见老子出关，很高兴地邀请老子写出《道德经》；另一个姓尹名喜，唐初时有后人定居在甘肃天水云云。

大概与商品销售的情形差不多，有一个让人喜闻乐见的故事，思想文化就传播得快，传播得广，但不一定符合事情的真相。而从时代问题、时代语境的角度去梳理思想的发生发展，可能会相对地接近事情的真相，却又难免枯燥干涩。两全的办法未必没有，只是我们还没有找到，所以就只能任由枯燥再煎熬一番。

从时代问题、时代语境的角度来看，"德"是周初以降越来越火爆的热门话题，至少在舆论上，日渐取代殷商以前之所谓鬼神，成为塑造政治神圣性、评价人物、衡量得失、预测成败的"量天尺"。也正由于"德"的外延极广，用法五花八门，春秋战国时甚至成为诸侯竞争的一种手段，所以对于这根具有橡皮弹性的"量天尺"，必须重新审视，否则，凝聚社会价值期待的"德"，很可能沦落风尘，在随着情景需要随意解释和引用的普遍现象中，退化为一个具有欺骗性的伪议题。本章《道德经》开宗明义，拎出"孔德之容"，就是重新审视过这把"量天尺"的历史痕迹。

对于周初以降"德"在思想文化中的重要性，学术界不仅充分注意到，而且推出了许多重要的研究成果，例如北京大学郑开教授的《德礼之间》，就是一部翔实而系统的专著。但很少有人将这个历史背景与《道德经》的产生联系起来。我们只是为了弥补这个罅漏，略叙其德论，管窥蠡测而已，不做展开的叙述。

西周初，"德"的观念蓦然凸显出来，始于周公辅佐成王，用意在于告诫嗣位之君，要汲取商纣王的教训，不要自以为承受天命，忽略"德"的修养和自律。例如《诗经·文王之什》说，商纣王在商人牧野倒戈、丧失政权之前，也是"克配上帝"，得到天命和神灵护佑的，但由于缺德，结果人人看到了，只能投火自尽。所以继承王位的人一定要明白，天命是靠不住的，"天命靡常"；祖先的功业也是不可依恃的，而必须"聿修厥德"，在"德"字上痛下功夫，才能够维持政权，"骏命不易"。《尚书·君奭》也同样是周公训诫成王的教材，其中的一句名言，"皇天无亲，惟德是辅"，正可谓流传千古，而周人尚德、摆脱君权神授等蒙昧主义的政治文明，也由此确立了一个大方向。

然而，对于掌握着权力的人来说，君权神授永远都是充满魅力、让人轻松愉快的说法，因为这个说法可以不费吹灰之力，悄悄解决掉民意不予应允的政权合法性问题，所以周公、成王之后，依然有许多王侯抬出君权神授的牌子为自己壮胆，也因此就有许多理性的声音，重复着"天命靡常""唯德是辅"的古训。在记载这段历史的名著《左传》中，类似的故事和言论，比比皆是。我们举一个例子。公元前655年，虢国国君与大夫宫之奇有一段对话，虢君说，我奉献给神的祭品丰盛且洁净，神必依从我。而宫之奇劝诫说，"鬼神非人实亲，惟德是依"，如果所为不合乎"德"，那么"民不和，神不享"，无论祭品如何，都改变不了神灵"惟德是辅"的必然性。《左传》记载这段对话，同时也记载虢君不听信宫之奇的分析，数月后虢国灭亡的事实，用事实证明"皇天无亲，惟德是辅"的必然逻辑。

既然"德"与政治有着如此密切的关联，那么有头脑的政治家就不能不借助"德"的软实力，而借助的结果，很难保证所谓"德"不会演变为政治工具。这方面同样有许多历史例证，我们撇开那些拙劣的，举一个高明且成功的好例子，即管仲辅佐齐桓公"九合诸侯，一匡天下"。

作为独步当时的政治家，管仲曾为齐桓公制订了一个带有政治战略意义的方针，"招携以礼，怀远以德。德礼不易，无人不怀"。立德的具体措施，不仅包括派大使了解各诸侯国的困难，从经济上向各诸侯国让利，还包括辟地拨款、调遣百姓，为一些亡国诸侯重建国家，如迁徙邢国于夷仪，重建卫国于楚丘等。对于这些亡国的安顿，几近完美，以至如《左传》所说，"邢迁如归，卫国忘亡"，开创出让亡国者乐不思蜀的先例。

然而，管仲、齐桓公之所以费尽心力以立德，真实目的既不是要实现其道德自觉，也不是要为时代树立道德新风尚，而在于图霸业。这样的真实目的,不可能长久掩盖,同时代的人也不可能全都被蒙在鼓里。所以公元前651年,当齐桓公的霸业达到顶峰,主盟诸侯大聚的葵丘之会时,代表周王室的大使宰孔不但先行离会,而且路遇晋侯时还劝阻说,"齐侯不务德而勤远略",向北讨伐山戎,向南征伐楚国,向西却搞了这么场盟会。其意图,或许不在于戡乱勤王,拥戴西边的周王室,而在于搅乱西边的局面。晋侯你回去准备应对混乱就好了,不必勤苦远行。

我们举证这个例子,不是要妄议管仲、齐桓公的伟业。事实上,我们非常赞同孔子的一句评价,"微管仲,吾其被发左衽矣",在那个诸夷滑夏的时代,管仲、齐桓公九合诸侯,一匡天下,至少是华夏文明传统自我维护的一次高峰体验。只是这样的历史功绩,同样不能规避一个思想必须面对的问题,即政治的功利本质,决定了其所谓"德"的虚伪性、工具性。当这样的虚伪性、工具性造成社会的非自然混乱时,也就必然被思想家纳入思想的视野。《道德经》第二十一章,就是在思想视野里重新审视其所谓"德"的范本。

针对"德"在现实中的五味杂陈,是制订某些具体的规范来解决问题,还是找出"德"的更高原则以激活其源头活水呢?这是儒道两家不同的思路选择。儒家选择前者,从而推进社会的伦理建设;道家选择后者,引导着关于伦理合理依据的形而上思考。

　　按照文本如实说来，《道德经》显然不否认"德"的真实性，尽管在现实层面，"德"的虚伪和工具特征已经暴露无遗，但通过向"德"的上游追溯，《道德经》发现"德"的源头在于"道"，而"道"是真实的。为了朗现"道"的真实存在，《道德经》将"道"与感知世界对应起来，即在感知领域，"道"是恍惚迷离的，具象之物是实打实在的；而思想一旦进入"道"的世界，我们自然就会发现，具象之物是变动不居的，"道"则有精有信，是事物的内核，也是事物变化可以预期的准信。这个准信既可以在我们的沉思中呈现出来，也可以在历史的轨迹中呈现出来。历史地看，"道"的存在是永恒的，启发了一切开物成务的创造者，是"众父"的精神向导。

　　站在今天的角度来看，道家老子与儒家孔子，无疑都是行将崩溃之"德"的匡扶者。"德"的理念自周初以降，日渐生长成一棵代表华夏文明的大树，虽然遭时迍邅，但华夏民族历代都有良知英雄，起而挽救之、匡扶之，孔老就都是这样的英雄。孔老之间固然有差别，但差别只是方略层面的，孔子的方略是开枝散叶，而老子的方略是浸灌根本。也唯其如此，才构成华夏文明内在的张力，推动着文明之树生生不息。当这棵文明大树枝叶扶苏时，孔老的欣慰还会有什么分别呢？孔子说，"殷因于夏礼，所损益可知也；周因于殷礼，所损益可知也；其或继周者，虽百世可知也"；老子说，"自今及古，其名不去，以阅众甫。吾何以知众甫之状哉？以此"。只要文明在不断传续，不断发展，孔老的共同期待就在不断地实现。就文明的传续和发展而言，孔老的思维进路能缺少哪一条呢？所以即使面向未来，"儒道两行"也是必然的。

第二十二章

曲则全，枉则直，洼则盈，敝则新，少则得，多则惑。

是以圣人抱一为天下式。不自见故明，不自是故彰，不自伐故有功，不自矜故长。夫唯不争，故天下莫能与之争。

古之所谓曲则全者，岂虚言哉！诚全而归之。

《道德经》的第二十二章，似乎讲了个让人参悟不透的主题——处世之道。这个主题之所以参悟不透，就浅显的层面说，是因为曲、枉等，与所谓"全"相互抵触，至少在表述和理解上，曲、枉意味着要让"全"打些折扣，既然打了折扣，当然就不完整，不"全"。而就更深些的层面说，如果曲、枉只是谋略，"全"才是最终目的，那么用谋略手段所获得的"全"，道义上的落脚点究竟会在哪里？如果曲、枉是为达目的不择手段，那么所谓"全"岂不是指向更大残缺的歧路灯？所以这个主题很难参悟透彻，我们也只是做些思想的梳理，为灵思慧解的读者提供参照而已。

追求活得全，活得完整无残缺，大概是古人和今人共同的愿望，不会有什么代沟。什么叫活得全呢？大约比老子略晚的时候，有个叫子华子的人提出过四层标准，说是"全生为上，亏生次之，死次之，迫生为下"。所谓"全生"，指"六欲皆得其宜"，即眼耳口鼻等感官得到适当的满足、生或者死由自己选择，出于自己的意愿。亏生是六欲部分得到满足，死就不用说了，迫生是被动地活着，生不如死。四层中最高的"全生"，大概接近《道德经》所说的"诚全而归之"，是一个不被撕裂、不受操控的自然之我。

但愿望是一回事，如何实现愿望又是另外一回事。子华子的观点，文献中没有很明确的记载，但他与杨朱基本同调，如许地山的《道教史》，就将他们算作一个流派，而杨朱的观点，文献上记载得清楚明白，即主张"为我"，立志"不以天下之大利易其胫一毛"，将自己腿上的一根汗毛看得比天下还贵重，不做利益交换，是这一派实现"全生"的途径。显然，这一派在生命与利益之间画了道清晰的界线，重生而轻利的信念表达得十分明确，拒绝利禄引诱，拒绝与权利合作的态度也很鲜明。然而，由权利所牵动的利益链条，实际上拴挂住了社会的每一个角落，由不得个人划分出某块"净土"，所以杨朱、子华子的全生途径，只能将自我与社会隔离开来，比古希腊的犬儒学派走得更远，在现实中未必行得通。

《道德经》说"曲则全"，选择的是一条现实的道路，更贴近实际生活，也更容易让人理解。现实中的人生在世，总会有委曲求全的时候，也总会有无奈妥协的事情。事情来了，委屈和无奈的情绪总也挥之不去，该当如何应对呢？有人说，忍字高，忍字头上一把刀；也有人说，忍无可忍，就无须再忍。《道德经》的主张，似乎也是要忍的，如经文中的曲、枉、洼，等等，都是能忍的姿态。但不如意的事情，说不准从哪个方向扑面而来，我们能借助什么样的精神力量支撑住这个忍？被我们忍住的，究竟是情绪、意志、欲望，还是其他的什么东西？《道德经》在这类问题上的想法，也许能给我们一些启示。

凡是忍过的人肯定都明白，忍是一种很复杂的情态。有时候，我们要呵护小孩的幼稚和想象，要尊重师长显然已经脱离时代的感受，于是有些话忍住不说，有些事也忍着暂时不做。这样的忍，出于爱和尊重，会让人内心产生莫名的责任感甚至崇高感。但另外的某些时候，忍又是被迫的，遭遇不公平、被误解、受欺压，这种情态下的忍，可能让人悲天悯人，可能让人郁闷孤愤，也可能让人处心积虑。悲天悯人是宗教情怀，郁闷孤愤是诗人情结，而处心积虑则具有谋略的意义，或者简单直接些说，这样的忍本身就是一种谋略。

宗教情怀和诗人情结留待以后有机会再说，这里先谈谋略问题。《道德经》的思想，当然不能简单地归结为谋略，但也不能断言其中就没有谋略的因子，至少在历史上，许多人都将《道德经》当作谋略的圣经来读。所以这一章，我们要先讲讲忍的生存谋略和生活智慧。

中国历史上，郑国的寤生、越国的勾践，等等，他们所采用的，大都是一个忍字诀。因为这些谋略很成功，所以韬光养晦式的隐忍，常常被作为执行谋略的基本功。

寤生的故事，比《道德经》早了将近二百年，勾践的故事略晚于《道德经》。这一前一后两个故事，可以看作中国传统的隐忍谋略的缩影，而《道德经》入乎其中，出乎其表的思想史意义，也可以被前后故事衬托出来。

寤生即郑庄公（公元前743—公元前701年在位），距离我们的时间很遥远了，但他与同胞弟弟段叔的故事，却并不让人陌生。"寤生"的意思即难产，所以母亲武姜专宠段叔，嫌弃寤生，谋划过让段叔代替寤生，继承郑国的君主之位。这场废立的悲喜剧虽然被老君主郑武公阻止了，寤生成了郑庄公，但武姜还是在郑庄公继位之后，为段叔争取到许多重要的地盘。由于段叔的势力日益坐大，自然会引发许多人对于政局的担忧。一开始有人说，"段叔的领地和建制都与身份不符，如果不制约，将会构成威胁"。而郑庄公说，"武姜想这样，能有什么办法？"一副很无奈的样子，只是让劝谏的人耐心等待。

等待什么呢？等待段叔"多行不义必自毙"。接着，段叔又将南郊、北郊收入囊中，于是又有人着急，"国家不能有两个君主，如果你想让位，我们就服从段叔；如果不想，那就清除他，不要弄乱了民心"。而郑庄公响应说，"不用那样，段叔自己会走向那样的结果"。心里的谋划似乎浮现出来了，有一个收拾这种局面的路线图。

再接着，段叔又将两座城邑收归己有，理解郑庄公谋略的人也看出些端倪，分析说，"时机到了，如果让段叔继续坐大，势力的杠杆就会将民众撬向他那边"。而郑庄公心里更有数，"明目张胆干那些不义的事，越坐大就越接近崩溃"。果然，段叔也以为时机到了，厉兵秣马，与武姜约好开启城门的时间，计划一举拿下都城。郑庄公当然也不会闲着，当然也有办法掌握那个神秘的时间，于是点将发兵，一路追讨段叔，最终在鄢这个地方剿灭段叔的武装。这段故事在《春秋》里的记载是，"郑伯克段于鄢"。按照《春秋》笔法，之所以称郑伯、称段，又用战争术语"克"，是针砭他们不像兄弟，而像是两个敌对君主的军事对抗。

老实说，对于这个故事，我们只能看懂一半，另一半看不懂。看得懂的是段叔的这一半，几乎全被《道德经》说中了。因为贪多务得，自矜自是，所以最终自遗其咎。看不懂的是郑庄公的另一半，究竟是由于采用了隐忍的谋略才使亲兄弟演变成敌军，还是政权游戏注定要采用这样的谋略，因而游戏本身就是在培养敌人？说不清楚。事实是，将隐忍的谋略应用于政权游戏，不仅使兄弟反目成仇，郑庄公与母亲武姜也有"不及黄泉无相见也"的绝情之痛。这样的结果，在道义上确实找不到一个落脚点。至于其谋略基本是个忍字诀，就容易鉴别了，忍是纵容敌手犯错误，敌手错误最大化的地方，就是忍的终点站。

越王勾践向吴王夫差励志复仇的故事，许多人都耳熟能详，我们就不详加赘述了，只想强调两点：第一，勾践卧薪尝胆以励志，忍辱含垢以臣服于夫差，自始至终都是一场谋略，带有明确的主观故意，并由此演绎出一段用谋略复国仇的经典故事；第二，这场谋略的策划者是范蠡，其指导思想则带有鲜明的道家色彩，这也就是《国语》所记载的范蠡三策，"持盈者与天，定倾者与人，节事者与地"。这三策既可以看作对《道德经》谋略的实践应用，也可以看作对《道德经》的理解和解释。

所谓"持盈者与天"，就是在自己势力强盛的时候，要学习天道"盈而不溢，盛而不骄，劳而不矜其功"。这三句话的思想来源于《道德经》，不言而喻。盈而不溢是天道的包容，天道虽拥有万物之众，充盈于天地之间，但没有任何一物是多余的，容纳不下的；盛而不骄、劳而不矜其功，当然都是拟人化的天道描述，事实上，天道既没有一个沽名钓誉的社会环境，也没有某个可以邀功讨赏的君主，但天道强健而谦和、造化而无为的人格化品德，却是可以学习的。学习天道的这些品德并且转化为谋略，就是"天时不作，弗为人客；人事不起，弗为之始"，无论是发动政治还是军事上的进取行动，都不能凭着一己意气，而要审时度势，从顺应天道人心的观念出发，取得合乎天时人和的效果。越王勾践不听范蠡劝阻，第一次向吴国复仇，就违背了这条"与天"的大策略，结果惨败，被吴国的军队围困在会稽山上，只能寻求屈辱的城下之盟。

所谓"定倾者与人"，是在大势已去，面对已经倾覆的局面时，要用"卑辞尊礼"等隐忍的谋略，满足吴王夫差的虚荣和骄傲，助长其争雄称霸的野心，将其战略矛头引向齐、魏等大国，为自己争取一个战略缓冲期。所谓"节事者与地"，就是十年生聚，十年教训，以有效的组织，"抚民保教"，推动越国人口和经济的增长。正是遵循这样的范蠡三策，越王勾践成功复仇，政治地位也获得周王室的承认，从一个"曾不能子爵"的偏远诸侯，跃升为春秋七雄之一。

比较前后两个隐忍谋略的故事，可以发现一些很微妙的差别。瘗生的隐忍，全属人谋，而勾践的隐忍，挂靠天道。人谋难免心术的诡异，格局也只是用于宫廷内部的争斗；天道则着眼于万物常理，使谋略具有一个遵循天道的道义落脚点，用于国家战略也更纵横捭阖。从这种微妙的差异里，我们或许能够体会到《道德经》对中国思想的深远影响。天道让人放开眼量，即使在不得不讲谋略的时候，有没有这样一个天道意识，终究也会大不一样。

第二十三章

希言自然。故飘风不终朝，骤雨不终日。孰为此者？天地。天地尚不能久，而况于人乎？

故从事于道者，道者同于道，德者同于德，失者同于失。同于道者，道亦乐得之；同于德者，德亦乐得之；同于失者，失亦乐得之。

信不足焉，有不信焉。

这一章专门教人少说话，顺任自然。

这很奇怪，说话不是人的天赋能力吗？不属于自然吗？不让说话，应该不是《道德经》的本意，也不是道家的基本立场。道家主张多元、宽容，像前面讲到的《庄子》之所谓"天籁"，那种众窍怒号，咸其自取的自然景象，不正是人人都有话可以说，人人都可以说自己的话吗？为什么突然又不让说了？

《道德经》采用的譬喻也很有意思，将风雨比作天地的语言，很浪漫，很有想象力。说狂风暴雨不长久，也是人人都能了解的事实。但在天地的语言里，狂风暴雨应该算是语言暴力吧？这么推演起来，"希言"的意思是少使用语言暴力了？可这世界上谁会经常使用语言暴力呢？即使有，也绝不会多，也只能属于很奇葩的稀有动物。既然如此，《道德经》又何必自任"谋府"，将稀有动物当作哲学问题来讲，为大千世界担了个不必要的心？

这么理解《道德经》，看来行不通，路数不对，没有弄清楚《道德经》所要训诫的对象。这个对象，不是所有人，而是那些说话将扰动社会的人。这些人的身份地位，说话的真实意图，都注定要像狂风暴雨扰动万物一样，对社会产生非自然常态的影响。影响太大了，太频繁了，最终受不了的是社会，所以《道德经》劝诫这些人，天地也不会长久刮狂风、下暴雨，你们这些有影响力的社会公众人物，又何必大言滔滔、喋喋不休呢？

如果可以抱着戏剧化的心态来解读历史，那么第一个响应《道德经》劝诫的人，应该是孔子。孔子说，"予欲无言"。这让口才和文采都很好的子贡相当着急，"子如不言，则小子何述焉？"而孔子的感慨，竟然和《道德经》差不多，"天何言哉？四时行焉，百物生焉。天何言哉？"按照孔子的感慨来理解这章《道德经》，似乎一下子就文意通顺了，看起来与前文不相干的"道者同与道"云云，内在的思想逻辑也可以找出来。

按照孔子的感慨，老天不说话，万物自生长，应该就是对"道者同于道"的最恰当诠释。唯其不说话，道才是大全的，也唯其道是大全的，才会万物并生。如果老天开口说话了，表达出某种意志了，那么万物中的某些就会被选择，而另外的一些则会被舍弃。相对地舍弃少些的，选择者的自我意志收敛些的，就是"德者同于德"。而自我意志膨胀，一开口就拣择出自己所偏好的，将大多数都排斥到异己的另一边，除了"失者同于失"，还能有其他的什么结果呢？

道、德、失三层，我们可以自由选择，我们的选择，通过语言表达出来。当我们做出选择的时候，实际上我们自己就被选择了。人世间的一切事情，总是从我选择开始，到达我被选择的结局。在道、德、失之间，我们更愿意被哪家选择呢？《道德经》的建议是"希言自然"，首先选择道，才能够期待被道选择的结局。

第二十四章

跂^①者不立，跨者不行，自见者不明，自是者不彰，自伐者无功，自矜者不长。其在道也，曰余食赘行，物或恶之，故有道者不处。

除了芭蕾舞演员，谁会踮起脚尖站立？除非要丈量土地，谁会跨着大步赶路？不需要请教田径教练，我们其实已经知道，怎样站着才舒服，怎样行走才舒展。这些道理，我们单凭本能就可以蹈乎其中，合乎真谛。然而，只要稍微离开本能，刚进入观念的世界里，就会有许许多多的时候，在许许多多的有意无意之间，我们禁不住要拔高自己，夸大自己，踮起脚尖来彰显自己的见解，跨开大步来炫耀自己的成就，结果总是自我夸大的态度很突出，见解和成就反而被遮蔽了。这是《道德

① 跂（qǐ），抬起脚后跟站着。

经》洞察社会的经验之谈，很平实，但其中却也包含着值得深思的哲理。

这样将话题扯到哲理的层面，并不是为了高大上，不是踮起脚尖来为了好看些，而是由于问题本来相关。按照我们现在的通识教育，世界观、价值观、人生观，是被作为哲学思想来灌输的。这样的"三观"，从《道德经》里其实也能够梳理出来，如"道法自然"的世界观、"上德不德"的价值观、"清静无为"的人生观，等等。显然，"观"的名目可以相同，而内容包含差异。站在通识教育的立场上看，《道德经》的"三观"过于消极，并不是教育所要树立的正确的范式。而站在《道德经》的立场上看，所谓正确的"三观"，不应该只是从"主义"出发又回归"主义"检验的逻辑自洽，而应该立足于另一个同样具有基本观念意义的问题，即"自我观"，想想"我是谁"。如果从来都不想"我是谁"，一堂课下来就形成个世界观，那在《道德经》看来才真叫悬。

如何形成一个能够让人醒悟的"自我观"呢？《道德经》说要谨防四个"自"。"自见"是将关注的焦点放在自己身上，"自是"是固执己见，"自伐"是夸耀自己的功绩，"自矜"就是拿捏个身份来端着，装模作样。如果放不下这四个"自"，忙叨着将自己弄成刚愎自用的牛皮大王，还能指望获得谁的尊重？所以《道德经》说，这四个"自"像肿瘤一样，是修道者必须除之务尽的。

　　四"自"的毛病，如果仅限于个人性格，倒也罢了，毕竟人各一面，整齐划一的事，是不必强求也强求不来的。然而，若是承担着社会公共责任、掌握着社会公共资源的人，却依然克服不了这些毛病，就可能造成严重的后果。这方面的事情，可能偏偏不凑巧，越是承担着公共责任的人，越是位高权重，就越容易犯四"自"的毛病，侥幸有某个能克服的，就注定会成为传诵千古的美谈，如传统戏剧里的"将相和"，就是个著名的例证。

　　将是战国时代赵国的名将廉颇，在与当时的东方大国——齐国的军事对抗中，骁勇善战，功勋卓著。相是赵国的外交家蔺相如，出身卑微，但在应对西方大国——秦国的弱势外交中，以其智勇维护住赵国的利益和尊严，演绎出"完璧归赵"等外交传奇，所以政治地位日渐攀升到廉颇之上。这让廉颇很不爽，放话说，"我为赵国立下过巨大的战功，而蔺相如素来卑贱，只是凭着三寸不烂之舌，就位居我之上，我感到屈辱，若见面，我必将羞辱他"。为了回避可能的冲突，蔺相如每每称病不朝，走在大街上，只要望见廉颇，他就躲到一边。这样的事情多了，部下们都受不了，而蔺相如解释说，"若论威猛，廉将军不如秦王。对于秦王，我尚且敢当庭呵斥，屈辱其群臣，怎么会惧怕廉将军呢？我之所以谦让着廉将军，是因为强大的秦国顾虑我和廉将军尚在，才不敢侵扰赵国，如果我们内讧，秦国就有机可乘了。要将国家情势危急放在前面，将个人意气之争放在后面"。这话传到廉颇的耳朵里，让廉颇好生羞愧，于是就有了威猛将军"负荆请罪"的一幕。本来会争权斗势的将相，成为相交莫逆的好朋友，演绎出一段放下四"自"的经典故事。

放下四"自"，站在道家的立场上看，并不需要如何高大上的超越，只要想想"我是谁"，洗清从社会上沾染的各种习气，将后天附着在"我"身上的荣誉、地位等轻轻放下，回归一个自然本真的"我"，就可以了。

第二十五章

　　有物混成，先天地生。寂兮寥兮，独立不改，周行而不殆，可以为天下母。

　　吾不知其名，字之曰道，强为之名曰大。大曰逝，逝曰远，远曰反。

　　故道大，天大，地大，王亦大。域中有四大，而王居其一焉。人法地，地法天，天法道，道法自然。

　　这一章由道本体讲到含括天地人的宇宙秩序，是《道德经》中含义最为丰富的章节之一。

　　一如既往，讲道本体，依然具有谜面般的诗意魅力。"有物混成，先天地生。寂兮寥兮，独立不改，周行而不殆，可以为天下母"。谜面就是这样了，不算太复杂，但站在不同角度的人，却可以提出各种不同的猜想。假设我是一名宗教徒，那么由这个谜面，我首先会想到祖神、造物主、绝对实体、上帝，等等，尤其是"独立不改，周行而不殆"两句，将神的位格、神与万物的关系，讲得很周全圆满了，可以作为神学的纲要；又或者我是位天体物理学家，则会由这个谜面首先想到大爆炸之前的原始宇宙，大爆炸之后，"大曰逝，逝曰远，远曰反"，完成从爆炸到塌缩的循环。而《道德经》本身却说，不知道那个混成之物的名称本来是什么或者应该是什么，只好勉强地取个很直观的名叫作"大"，又由其符合道路之引申义的特性，孳乳出一个诠释性的字叫作"道"。由此来看世间万物，除了天地人三才都很大，还有一个更大的"道"，所以合起来说，"域中有四大"。而四大之间，则呈现为递相效法的秩序结构，这个秩序结构的最高原则，就是"道法自然"。

这样理解《道德经》，大义上已经很清楚了，似乎别无枝节。然而，思辨世界的事，说有就有，平静的水面上，一样可以掀起波澜。据唐释道宣《集古今佛道论衡》卷丙记载，唐高祖武德八年（公元 625 年），佛道两教的学者曾围绕这章《道德经》展开辩论。辩论的焦点，是佛教学者针对《道德经》的叙述，诘问究竟什么才是道教的最高法则，是"道"还是"自然"？如果像道教学者解释的那样，"道法自然"意味着"道"就是"自然"，那么"地法天"是否意味着地就是天？如果说"地法天"意味着天的法则高于地，那么"道法自然"是否意味着自然的法则高于道？应该承认，这种诘问很机智——尽管所触碰到的，也许只是思想表述的问题，不是思想本身的问题。而思想的表述之所以会成为问题，是因为《道德经》很诗意，像谜题一样，可以启发不同的猜想。至于猜想有没有真实的思想价值，抑或只是思辨游戏，其实都不用太在意。具有思想价值固然好，只是思辨游戏也不坏，至少不比独断更坏，而且，思想领域果真没有游戏，总是古井不波的样子，岂不沉闷得很？所以，就"道法自然"一句，我们也提出一种猜想，期待有思想价值，但也不排除只是思辨游戏。

按照最通常的理解，所谓"道法自然"，就是"道"对于天地人以及万物，一切顺其自然，"道"本身就不是某个特殊的意志，当然也就不构成对万物的有意干涉。将这个本体论的道理应用到人事上，就是我不按照自己的意志去干涉别人，别人也不要莫名其妙地干涉我，各行其是，各美其美，互不相干。至于处事，遵循自然的理势就好了，用不着花样百出。这样理解"道法自然"，可以治疗做人处事的很多毛病，尤其是那种动不动就将"我"字放在前面的毛病。"我"知道了身外的人和事都自有其可以然、应当然的理势，就不会遇事强拧着，好像事情做成了都证明我即真理，做不成就怨天尤人，而是各守本分，相互尊重，没有谁特别不舒服。

这样理解"道法自然"，实用性显而易见，但不见得就没有问题。问题其实同样显而易见，这就是人一旦进入社会，事情一旦发生在社会的层面，那种纯粹的自然就不复存在。换言之，没有什么人，也没有什么事是纯粹自然的，人所养成的观念意识，事情所涉及的目的和手段，都必然夹杂着人类主观性，人和事的各种状态，其实都经历了人类主观性的改造。既然人和事的纯自然状态在社会中不复存在，那又如何"顺"？所"顺"的究竟是个什么？如果被我们作为自然来尊奉的，其实只是人为雕琢的半成品，那么，谁又敢保证所谓"道法自然"不是一场认贼作父的笑话？这方面的例证，亦可谓不胜枚举，最常见的，就是将社会原因造成的，说成自然状态本来的，诸如公民素质、生存权现状等等，既是由社会原因造成的，那么要改变其状态，就应该从改造社会原因入手，而一旦将现状说成自然本来的，则公民素质、生存权现状等，就成了拒绝变革的托词。这么看来，对于"道法自然"的通常理解，不仅有问题，而且问题还不小。

当真要从思想上解决这个问题，其实也并不难，只要能分得清"自"和"然"两个字，也就可以了。上面所谈到的问题，根源就在于将已经这样的"然"，当成了可能发展成这样的"自"。举个例子来说，卢某人现在是某机构的一名教授，这个身份就是卢某人的"然"，而不是"自"。"自"是成为这样一名教授的可能性，可是，如果不赶上改革开放的好时代，卢某人的"自"就会发展成另外的"然"，例如农民、木匠等。就卢某人而言，所谓"道法自然"是让我去做农民还是让我当教授？"自然"本身包不包含选择的自由？如果不包含，那就是"他然"了，与"自然"南辕北辙；如果包含，我们又如何确认某种选择是自由的，不是社会环境诱导的？

所以讲"道法自然"，核心在体悟什么是"自"。这个"自"，也许人各不同，但用身心去体悟的自由，却是人人平等的。

第二十六章

重为轻根，静为躁君，是以君子终日行不离辎重。虽有荣观，燕处超然。奈何万乘之主，而以身轻天下？轻则失本，躁则失君。

《道德经》的某些章节，确实令人费解，例如这一章，大意是劝诫君主要稳健持重，像出门远行不能离开车马行囊一样，即使遇上"嘉年华"式的欢乐聚会，也要看守住行囊。这些说法究竟是什么意思呢？确实不容易理解。谁家的君主出门，会需要看守行囊呢？如果君主的生活活该像走镖的，谁能想象那该是一种什么样的情景？谁又能说出君主活该如此的道理？实际上，不管谁家的君主，只要出门，总是吆五喝六，仪仗队列，前呼后拥，惊扰百姓倒是常有的，谁见过君主当真像独行侠一样微服私访？所以不好懂，《道德经》要说的究竟是什么。

在中国历史上，确实有过特别好旅行的君主，而且旅行属于域外探险的性质，不在自己的国度里晃悠。这就是西周的第五代继位君主——周穆王，时间大约在 2 900 多年前。也不知道是什么时候的人，将周穆王的旅行传奇编写成《穆天子传》，害得学者们至今要研究周穆王的旅行路线，到过哪些地方、见过哪些远古部落，等等，其中最为人津津乐道的，是周穆王与西王母的那段爱情缠绵。因为西王母大约是西域某部落的首领，不仅展现出异域风情，还灵光乍现地闪动过异域的信仰和文化，成为后世道教神仙信仰的一大渊源，所以不仅《道藏》中收录有《穆天子传》，周穆王的探险之旅也成为中国文化探源的一个有趣的题目。照着周穆王的例子来看，"万乘之主"——能够套起万辆马车的大国君主去旅行，也未必就是什么坏事，虽然只是干自己想干的，不曾为老百姓谋什么福利，但也不会无端打扰，让老百姓觉得坏了许多事，所以中国历史上那么多的君主，能被后世想起的没有几人，而周穆王是其中之一。

按照"太上，下知有之"的"领袖学"，周穆王之好远游，即使不是应该鼓励的，至少也是毋须担忧的，所以这章所说的"万乘之主"，想必不是周穆王这类型的。那么，什么样的君主会让老子担忧呢？作为君主的"辎重"是什么？轻躁的表现又有哪些？

《左传》里有这样一句话，几乎可以作为古代关于国家的理论纲领，即"国之大事，在祀与戎"。祀是祭祀，用信仰和仪式凝聚国家共同体；戎是军事，凭武力抵御外来侵扰。这一内一外，一文一武，是为政治国的两大支柱，哪边都不能有闪失。《道德经》所说的君主之"辎重"，最可能的合理解释，就是"祀与戎"。这两个方面，哪方面都不能轻躁地对待。

比较而言，中国古代轻玩武力的君主确实不多，中国文化也没有将武力作为国家战略首选工具的传统，充其量，也只是从春秋时代开始，君主们喜欢学着周武王在孟津集合诸侯、商议讨伐商纣王的样子，搞些"观兵"，也就是阅兵之类的活动。"观兵"当然有战略威慑的意图，但通常都收效甚微，甚至还屡屡受到讥讽，说是"君子耀德不观兵"。展示德行或者炫耀武力，中国社会已经为君主们做出了选择，所以轻躁地动用武力的君主，在中国历史上确实不好找，当然也就不是《道德经》最担忧的。

如果说在军事方面，中国的君主们并不轻佻好战，反而是连防御也常嫌不足，所以不轻躁也不敢轻躁，那么在祭祀方面，则轻躁任性的君主代代有之。我们先列举一些例证，然后再分析其危害，理解《道德经》为什么将这个问题看得很严重。

第一个例证，是商纣王的曾祖帝武乙。《史记》记载，"帝武乙无道，为偶人，谓之天神。与之博，令人为行。天神不胜，乃僇辱之。为革囊，盛血，卬而射之，命曰射天"。这纯粹是戏剧性的侮辱天神的活动，让一个戏子之类的人装扮成天神，来与帝武乙搏斗，就不敢也不可能取胜，除非像古罗马的斗兽场那样，弄个死囚来扮天神，自然能赢得了帝武乙。而将兽皮盛血，挂起来当箭靶，叫作"射天"，更不会有任何娱乐性，只表明帝武乙的目的就在于侮辱天神而已。

第二个例证是汉武帝，在统一信仰以整合社会、学术思想多元以激发活力的国家发展战略上，他似乎完全搞颠倒了。按理说，汉承战国、暴秦离乱之后，应该以统一的信仰作为精神主导，重建社会共同体，学术思想则应在春秋战国诸子百家学的基础上，激扬其深闳而肆的历史大势，保持创造性的活力。而汉武帝的做法，是在学术思想上"罢黜百家，独尊儒术"，信仰上则皮里阳秋，一方面像传说中的一统天下者那样，登泰山封禅，而实际目的，只是听信了燕齐方士的蛊惑，要去求仙，还先后搞了六次，并留下一句震撼天下的名言，说是若能像黄帝那样修炼成仙，"吾视去妻子如脱躧耳"。

第三个例子是梁武帝，先后四次到同泰寺出家为僧，又先后四次被臣民用巨资赎回。经过这四次折腾，佛教方面斩获四万万钱，算是赚得盆满钵满了，都下珈蓝，穷极富丽，梁武帝更是过足了救世主的瘾，好像不是他需要这个世界，而是这个世界需要他——尽管对于一个真正的佛教徒来说，要往返四次出家，实在有些搞笑。至于萧梁王朝，则从此衰败，于是发生"侯景之乱"，梁武帝困饿致死，南梁实际已灭亡。

这前后三个"武帝",做法不同,信仰皈依不同,但带头破败祭祀所象征的国家共同体信仰却相同。一个国家,如果不是信仰共同体,缺乏精神上的内在凝聚力,那就只能仰赖军政之威去维护,于是帝国的军队,主要职责不是抵御外来的侵扰,而是枪口对内,防民如贼寇。例如殷商,帝武乙僇辱天神,固然痛快地嘲弄了"君权神授"的鬼话,证明了帝王比天神更厉害,但殷商社会却"千聚无社",根本就不是一个信仰共同体,所以当周武王率领弱势兵力来攻打这个强大的王国时,殷商的士兵不是奋起捍卫王国,而是在牧野这个地方阵前倒戈,调转枪口一起去收拾商纣王。

汉武帝信神仙,不像帝武乙那么暴戾,但神仙信仰是个人如何解救的私事,与国家作为一个社会共同体所需要的信仰形态有本质区别。所以汉武帝之后,大汉帝国只能依靠"霸王道杂之"的手段竭力维持,不能发挥信仰共同体的凝聚力,从容治理。至于南梁,在梁武帝信佛之前,曾被称赞"如金瓯一片",凝聚力极大地鼓励了社会的信心,而自此之后,迅速土崩瓦解,连门阀氏族都丧失了国家认同和担当,于是在南北朝对峙的大格局中,梁武帝出家成为一个影响历史大势的节点,文化相对发达的南朝,注定要输给还在汉化进程中的北朝。

由此看来,祭祀仪式所表征的信仰,确实是国家的"辎重",是维系国家共同体的大纲。而信仰的确立和维护,必须着眼于国家作为一个共同体的要求,既不能走向虚无缥缈的虚化一路，脱离国家作为一个社会实体的现实性——即使某些宗教和信仰说得天花乱坠，像"嘉年华"一样让人着迷；也不能由君主轻躁任性地选择，脱离国民的接受和认同，否则，就会像《道德经》所断言的那样，失本失君，在大中华文明史的画卷里，充其量也只是个没有行囊的游客。

第二十七章

善行无辙迹，善言无瑕谪，善数不用筹策，善闭无关楗而不可开，善结无绳约而不可解。

是以圣人常善救人，故无弃人；常善救物，故无弃物。是谓袭明。故善人者，不善人之师；不善人者，善人之资。不贵其师，不爱其资，虽智大迷。是谓要妙。

这一章讲运用"道"去处世做事的精妙之处，很有些微妙玄通的意蕴，但是当真要去体悟，却又不知该从哪里下手。就好像到了一座宝库跟前，明知里面满是宝藏，但不得其门而入，让人有些惆怅，觉得《道德经》太高深了，只可景仰，难以亲近。

要克服这种学习上的障碍，似乎需要掌握一个万变不离其宗的《道德经》诀窍，即凡事从对面看过来，如果拎不清什么是"有"，那就从"无"处着手；如果弄不懂怎样入"静"，那就从"动"中思索；如果参不透怎么"用"，那就先感悟"体"，看看道体是怎么用万物的，然后我们就可能在思想上闪开一道智慧之门，至少，在理解《道德经》的思路上，会更灵动些。

事实上，本章所列举的善言善行等五个"善"，也只有从道体运用万物的角度，才可能深入理解，否则就难免不知所云。例如，技艺再高超的马车夫，也不可能驱车却不留下痕迹，现代的飞机倒是不留痕迹，但那已经不是"行"，而是飞了；关门不用门栓却打不开，除非用现代的电子磁吸技术，可电子磁吸说到底还是门栓的改进版，只有焊接起来的门才确实打不开，但那样就不再是门了；至于不用绳子打结却解不开，更是无从猜想，难道《道德经》说的是魔术？怎么尽举些不合常理的例子？不明白。

《周易》里有句话，"穷则变，变则通"。研读《道德经》，大概也要穷则思变，在想不通的地方转换一下思路，将这五个"善"理解为道体之用，而不是简单直接的人为之事，这样，《道德经》的奥妙或许就有迹可寻了，毕竟，道才是宇宙中最高超精妙的魔术师，而人只能首先观摩道的魔术，然后才可能学而时习之，渐渐纯熟。

按照道体运用万物来理解，所谓"善行无辙迹"，也就是道体牵引万物大化流行。道体"周行而不殆"，体现在万物的运动流行、发生发展之中，无处不在，却又无迹可求。这种境界很难形象地描摹，杜甫的诗句"润物细无声"，或许有些近似，但也只是近似而已，下雨湿润毕竟看得见、摸得着，而道体周行在万物之中，要从万物的生生不息和有序性之中去体会，看是看不见的，摸也摸不着。

所谓"善言无瑕谪"，应该不是说话怕被人抓住把柄，而是说话没有主观的措意，就像天地刮风、众窍自鸣的"天籁"一样。风雨是天地的语言，尽管对于人来说，也有风不调、雨不顺的时候，似乎天地也有不善的语言，但天地毕竟没有私意，不那么别有用心，更不像《西游记》等神魔小说所描写的那样，有个东海龙王之类的神魔在幕后操纵或者施行。所以，只要是具有理性的人，谁会去怨尤天地呢？现代人更明白，气候的灾异性变化，许多都是由人类行为导致的，天地本身，只有造化之恩，无可瑕谪之处。

"善数不用筹策"的，当然还是道体，既不是某个算无遗策的谋略学高人，也不是计算器，计算器只是个不断改进的"筹策"——大算盘而已。不过，随着计算器技术的日趋进步，能够越来越逼真地模拟自然的各种造化，大方向上也就越来越接近道体的"善数"了。从人类理智发生发展的角度看，计算器之所以不断取得进步，一方面是由于科学技术的积累，另一方面则根源于人类对于自然大化的认知，其中包括用数理逻辑所揭示的自然秩序等，而《道德经》之道体，是人类认知自然大化的中国古典方式。虽然我们尚不能由此断定，《道德经》

的体系有一个数学基础，但可以肯定，《道德经》认为自然秩序是有"数"的，这个"数"可以由道来计算，因而也就不是混乱的。

"善闭无关楗而不可开"的最明显例证，就是一年四季中的"冬藏"。冬天的万物生机，似乎被道体收回去了，一些动物蛰伏冬眠，一些植物零落凋谢，所有事情的节奏都慢了，在现代的反季节等技术被发明之前，没有谁能拨开道体收藏万物的"冬藏"门栓。

道体"善结无绳约而不可解"，可以理解为万物的普遍联系性，它就像是一张天网，疏而不漏，没有什么人，也没有什么物可以游离出道体所缔结的这张天网，所以说"不可解"。面对这张天网，人们所能做的大概有三件事。其一是像现代的中学教科书那样，将普遍联系性写在课本里，教师照本宣科，学生念念有词，只要是受过中学教育的人，都能随口说出来，就像说盐是咸的，醋是酸的一样。至于这条"教义"的真实含义，则可能被复述概念的习惯所遮蔽。其二是像张载那样，由这种普遍联系性产生温情饱满的淑世情怀，"民胞物与"，感受到自己与万物的血脉关联。其三类似庄子，既追求精神拔越，逍遥一世之上，睥睨天地之间，又真切感受到万物的羁縻，因此产生剧烈的冲突。如说，"一受其成形，不亡以待尽，与物相刃相靡，其行尽如驰，而莫之能止，不亦悲乎"。追求精神拔越是人类自由意志的必然要求，而人与万物的普遍联系性，又注定人的精神只能随着肉体在与万物的相互摩擦、相互羁绊中，消磨殆尽。这样的冲突既可能让人悲哀，随缘去就的人生一世，恰似草木一秋；也可能让人升华，在感受到"通天下一气"、万物一体之后，领悟当下即是永恒、"我"永恒存在于万物之中的真谛。

从道体运用万物这五个方面中，我们能如何"袭明"？如何学到处世做事的奥妙呢？《道德经》说，正是通过学习道体的善行、善言、善数、善闭、善结等，成就了其大无外的圣人境界。这种境界，也许不是我们寻常人轻易能够学得来的，但记住凡事从对面看过来，当我们按照自己的意志要排斥什么人或者事和物的时候，不妨试着问问自己，站在道体"五善"的角度，应该如何处理与这些人和事、物的关系？无论如何，精神上多了面镜子，总能让我们将自己看得更清楚些。

第二十八章

知其雄，守其雌，为天下溪。为天下溪，常德不离，复归于婴儿。

知其白，守其黑，为天下式。为天下式，常德不忒，复归于无极。

知其荣，守其辱，为天下谷。为天下谷，常德乃足，复归于朴。

朴散则为器，圣人用之则为官长。故大制不割。

人生一世，大概就在知行两个字之间忙忙碌碌。从咿呀学语、蹒跚学步开始，知行两个字就不停地刻画着我们的人生轨迹，越来越深。到最后，究竟知道些什么，又做过些什么，就是人生的总成绩单。所以，如果我们还在意这份成绩单，我们就不能不花些时间，试着去参悟知行两个字。

一般人的心情，总是希望能知道的情况和道理，最好再深些，再广些；能做成的事情，最好更多些，更漂亮些。但实际上，精力有限，条件有限，在知和行两个方面，似乎都有个冥冥之中的定数，从容未必就少些，着急也不一定能多些。所以，像庄子那样的智者，会淡悠悠地告诉我们，人的生命有限，而知识无穷，用有限的生命去追逐无穷的知识，还没开始就掉进了坑里，只能算犯傻。

确实，知识无穷无尽，求知的压力也无穷无尽，求知的愿望越强烈，知识无穷的压力就越大。不仅如此，还有更让人烦恼的，拿已知领域去和未知领域竞争，结果竟然是"道高一尺，魔高一丈"，已知的领域越扩大，被发现的未知世界不是缩小了，反而增大了。于是，无奈和迷茫的情绪，会像雾霾一样弥漫在我们的周边——既然追逐知识的道路注定没有尽头，我们还有必要坚持下去吗？还有必要为学习知识、创造知识耗尽精力吗？所以有人编过这样一首很俏皮的打油诗，说是"春天不是读书天，夏日炎炎正好眠。秋天渐凉冬又冷，卷起书箱待来年"。

关于知识的道理好像是这样的，但没有谁会因此拒绝知识，当真不需要以任何形式学习了。为什么道理说得好好的，却没有人愿意照着做呢？因为道理的背后还有道理。背后的道理虽然简单，但更根本。简单到什么程度？简单到人既然活着，就必须也必然有所行动；既然行动，就必须也必然具备相应的知识，即使是漫无目标的散步，我们也不会往墙上撞，因为我们"知道"，撞墙是行不通的。这说明知是行的伙伴，不管我们愿意不愿意，知行两个字都是分不开的。不但行动时需要知识，行动离不开知识；反过来也一样，知识也离不开行动，许多事情既然知道了，就会选择性地采取行动，而且知的过程，本身就是一种行为。在这个意义上，王阳明说，"知行合一"，良知就是实行。

既然知行关系如此密切，从理论上说是一体的，那么在实践中是否就应该展现全部的知识？这要看怎么理解展现了。如果将展现理解为显摆知识，那可能会招人烦；如果说展现既包括进取，也包括规避，发挥知识的优势去选择做什么，不做什么，怎么做，那么展现知识就唯恐不足。所以一些俗语古训很有意思，如说"知圆行方""无所不知，有所不行"，等等，这类从日常生活中总结出的道理，其实也很有韵味，能够让人活得更明智些。

《道德经》说知雄守雌，知白守黑，知荣守辱，大概的意思和知圆行方有些类似，但《道德经》的落脚点，却不仅仅是让人活得更明白些，而是让每个人都知所进退，让社会的公共环境更宽松些。社会环境宽松的境界，就是"大制不割"，既有秩序，又不是强制性的。

"大制不割"的、非强制性的社会公共环境、公共秩序如何实现？《道德经》说要从知雄守雌，知白守黑，知荣守辱开始。显然，这是一条从人人自律走向人人自由的道路。知雄守雌是以本分本我的自律去克服争强好胜的意志冲动，知白守黑是以所知有限的自律去克服对于事情和道理的武断或独断，知荣守辱是以尊重他人的自律去克服虚荣心的膨胀。如果人人都能遵守这些自律，行所当行，止所当止，以尊重他人的自由来保障自己的自由，那么我们的社会就必然是既有规矩又不失和谐的。

第二十九章

　　将欲取天下而为之，吾见其不得巳。天下神器，不可为也。为者败之，执者失之。

　　故物或行或随，或歔①或吹，或强或羸②，或挫或隳③。是以圣人去甚，去奢，去泰。

　　这第二十九章，像是一首洞察历史的预言诗，警告那些存心雄霸天下的人，要摆脱凭一己之意统治天下的奢望。因为"天下"是神灵的器具，用来安顿、安排天下人的共同生活，如果图谋私自占有，按照自己的意图抟弄天下，将会陷溺于败坏天下、丧失天下的恶性循环。这样的预言，会不会让某些人忐忑？我们无从猜想，但征之以历史，我们赫然发现《道德

---

　　① 歔（xū），同"嘘"，慢慢而轻轻地哈气。
　　② 羸（léi），瘦弱，弱小。
　　③ 隳（huī），全部毁掉。

经》的预言竟如此精准，不能不为之震撼。

放在《道德经》产生的时代里来看，试图"取天下而为之"的，当然是春秋五霸、战国七雄之类的人和事。五霸七雄都有"取天下而为之"的企图，这让老子产生了关于未来历史方向的警觉和忧惧，如果未来的"天下"注定被豪强们巧取豪夺，成为豪强的囊中私物，注定公天下的"神器"要遭受私天下魔兽的践踏，注定"天下"将沦落为强权的道具，不再是安顿、安排天下人共同生活的"神器"，不再是由共同信仰凝聚起来的社会共同体，那么在"天下"之成其为"天下"的基本性质发生剧变之后，强权者又将用什么利器来维护"天下"作为一个社会共同体呢？在一个不得不用特殊利器才能够维护的"天下"里，全天下之人还能保持"或行或随"，"或强或羸"的多元生态吗？"天下"的未来，最令人深忧的，不是能否治平，而是强权意志将摧毁多元生态，基本性质将会由无所不容的"神器"堕落为率民以相食的绞肉机器。

如果说五霸七雄还只是试图"取天下"，事实上并未能取得天下，因而也就不存在如何"为之"的问题，那么自从秦始皇一统天下之后，推行暴戾的苛政，由强权拿着天下去"为之"的问题就暴露无遗了。问题暴露得迅猛，社会的反抗也就来得迅猛，所以强秦以暴力统治天下仅三十余年，就被以同样的暴力推翻了。

接下来的"楚汉之争"，既是军事和谋略的博弈，也是对如何选择"天下"体制的考问。西楚霸王项羽所选择的，不是"取天下而为之"，而是分天下以治之，如在降服秦军章邯部主力，继而入主咸阳，搞了场压服刘邦的"鸿门宴"之后，他将天下划分成十七大块，由十七个诸侯王领治。这样的安排，表面上看遵循了《道德经》的教导，但让天下重回战国时代的格局，不能建构起天下"神器"共同体的整体秩序，诸侯国也就回到了兼并与反兼并的起点上。

汉王刘邦显然吸收了项羽的教训，选择"取天下而为之"的方略，在战胜项羽之后，大封同姓诸侯王作为帝制的藩屏，制约异姓诸侯王并且在吕后执政时剿灭之，天下也就走上了由刘姓一家"而为之"的道路。在这条道路上，汉初期的文帝、景帝，采取黄老无为的政治策略，"而为之"的政治意志很淡泊，私天下与公天下的冲突也就得以纾解。接下来的汉武帝，一方面削藩，消解诸侯国的势力，强化中央集权；另一方面又"独尊儒术"，根据集权体制的需要大力推进文化共同体建构；自此以后，中国之所谓"天下"，就由帝制规定了基本性质，"天下"的状态是好是坏，要凭运气，要看遇到一个什么样的皇帝。至于宏观历史，则陷入"为者败之，执者失之"的长期循环，每次"取天下而为之"的打天下过程，都会摧毁天下"神器"的神圣性，是马上得天下、枪杆子里面出政权的狩猎成果；既已猎获天下之后，每一朝政权又都以私天下的模式执掌天下，于是又沦为新的猎物。这个悲催的历史循环，似乎早就被老子洞若观火了，直到近代，才出现走出老子预言的苗头。

久病初愈，最宜调理，最需珍惜。调理、珍惜也许有许许多多的偏方，但如果要固本培元，就不能不致思于缠绵久病的所以然之故，不能不洞察病灶之所在。而老子的深邃智慧，显然能帮助我们展开这样的致思和洞察。如果将这一章与第十三章的"寄天下""托天下"结合起来看，那么老子对我们的最大帮助，也许就是为我们留下两个石破天惊的问题：第一，天下为什么是"神器"？第二，天下人应该如何维护"神器"的基本性质？

第三十章

以道佐人主者，不以兵强天下，其事好还。师之所处，荆棘生焉。大军之后，必有凶年。

善者果而已，不敢以取强。果而勿矜，果而勿伐，果而勿骄，果而不得已，果而勿强。物壮则老，是谓不道，不道早已。

这一章的主题，好像是讲给军迷们听的。军迷们热衷于探讨如何"以兵强天下"的问题，从装备、训练、技战术到作战双方的相对优劣势等，都在军迷们热情关注的范围之内。这些方面，老子或许不是很内行，所以他所关注的焦点，不是如何参与战争，而是如何理解并且掌控战争。

掌控战争当然是个政治话题，距离军事专业大概有点远。但对于成熟的军迷来说，军事原本是政治手段的延伸，只有在政治方式不能解决问题的时候，才会采取军事行动，所以真正的资深老军迷，必定会像老子这样，善战却不好战，能以理性的精神和态度，理解并且掌控战争。

怎样以理性的精神掌控战争呢？我们绝大多数人都没有战争经验，只是从影视剧里看到过被导演的战争场面，似乎战争最需要的是激情和勇气，至于指挥官运筹帷幄的奥妙，在剧情里不容易表现出来，通常都只是拿个烟斗或者夹根烟卷察看地图什么的。而据《道德经》说，以理性掌控战争，关键在一个"果"字。

《道德经》所说的"果"，究竟是什么意思？历代注家的解释，各不相同。如汉代的河上公注解说，"善兵者，当果敢而已"。曹魏时王弼的注解则说，"果犹济也。言善用师者，趣以济难而已矣，不以兵力取强于天下也"。北宋王安石又将"果"理解为"胜"，说"果者，胜之辞"。元代人吴澄的理解则是果决，"兵之善者，果决于一时以定乱而已"。将古人的注解归纳起来，大概可以分为两类：一类着眼于决策的角度，谓之果决、果敢；另一类着眼于效果的层面，谓之济事、获胜。理解的角度不同，但都有道理。我们将这章与第十六章联系起来，也试着做出一种解释，各位看看是否也有些道理。

第十六章讲"归根复命"，讲果实是对种子的复归。这个思想，或许就是理解"善者果而已"的关窍。根据这个思想，从种子到果实，是可以预期的，其中包含着规律性、必然性。也唯其掌握着规律性、必然性，才可以果断地做出决策，并且期以必胜。否则，撇开《道德经》"归根复命"的思想逻辑，撇开规律性、必然性的观念意识，单纯讲果决、果敢，可能会流于意气用事，而所谓期以必胜，也难免是一厢情愿。

掌握着规律性、必然性，只意味着对事情的进程有一个宏观的评估，可以依据这个评估进行谋划，以应对瞬息万变的情况和状态。绝不能自以为掌握着规律性、必然性，就矜持倨傲，丧失应对新情况的灵动，也不能因此居功自得，忘记了建立军功只是不得已的选择。当战争像预期的那样发生并且结束的时候，我们能否走出战时秩序的紧张和僵硬？能否恢复常规生活弹性的柔和的空间？战争带给社会秩序的影响，往往是"物壮则老"，尤其是新秩序完全由战功来安排，新秩序模式只是战时规则延伸时，社会就要面对近乎空气凝固的"凶年"。

所以对于军迷们来说，这一章或许可以作为境界升华、凿开洞见的"圣经"，有醍醐灌顶的功效。

第三十一章

夫佳兵者，不祥之器，物或恶之，故有道者不处。君子居则贵左，用兵则贵右。兵者，不祥之器，非君子之器，不得已而用之，恬淡为上。胜而不美，而美之者，是乐杀人。夫乐杀人者，则不可以得志于天下矣。吉事尚左，凶事尚右。偏将军居左，上将军居右，言以丧礼处之。杀人之众，以哀悲泣之，战胜，以丧礼处之。

接着上章讲，立了军功的人为什么不能居功自傲？或者换一种问法，为什么不能崇尚军功、美化战争？《道德经》的回答很简单，战争是要杀人的，只能作为迫不得已的选择，作为政治的非常手段。如果崇尚军功、美化战争，就可能养成社会的暴戾之气，像现在的美国，枪击事件遍地开花，社会上"潜伏"着许多战斗英雄，随时露一手，让人受不了。美国的政治家不读《道德经》，还以为枪击事件频发都是枪械惹的祸，以为控住了枪就能管得住人，不知道美化战争必然诱发社会的暴戾之气，暴戾之气既支撑着发动海外战争所需要的"民意"，也鼓荡出动辄拔枪相向的民风。所以，美国的国家战略虽然很高明，很得意，战场都弄到了美国本土之外，但不经意之间，却也将暴戾之气留在美国的社会之中。对于这种文化偏失之弊，中国的古典传统也许是一剂良方，不仅有老子这样的圣哲，见微知著，轻声警醒，而且还有一个礼乐文明体系，从文明价值上制约着好战的异常冲动。

《道德经》所说的"吉事尚左，凶事尚右"，是中国古代的一种礼仪制度，也就是日常礼仪以左为尊，包括军战在内的凶险的事情则反过来，以右为尊。这样将日常生活与军战之事分隔开，一左一右，一吉一凶，在礼仪上就给军战之事贴了个标签，是不同于日用常态的。所谓吉事、凶事，涉及中国古礼的分类，历史上的演变很复杂。清初人秦蕙田的《五礼通考》，系统总结古礼演变，是一部考据较为翔实的著作。我们就依据这部著作，对古礼的分类做一点常识介绍。

中国的古礼分为五大类，分别为吉礼、嘉礼、宾礼、军礼、凶礼。

吉礼的主要内容是祭祀，包括国家祭祀天地日月、山岳河海，地方祭祀境内山川、先贤勋烈，民间祭祀祖先、土地神，等等。祭祀是社会共同体的信仰载体，所以居五礼之首，称吉礼。

嘉礼的主要内容是政治礼仪，包括皇帝即位改年号，观星象、定时令以布政，行政区划的体国经野，政府系统的设官分职，等等。民间的婚礼、教学礼仪、加冠礼、宴饮聚会的礼仪等，也属于嘉礼。

宾礼是社会交往的礼仪，通俗地讲可以分为待客之道和为客之道两个方面，具体内容包括天子接受诸侯和蕃国的朝觐，天子遣派使者访问诸侯国或蕃国，诸侯之间的会盟，民间的相互走访，等等。

军礼可以顾名思义，就是建军养兵、行军打仗的礼仪。具体内容则包括军队建制，出师的文檄和仪式，检阅，誓师，田猎，行军过境的祭献活动，等等。

凶礼是应对灾荒、丧亡的礼仪。丧葬用礼，很容易理解，所谓慎终追远，寄托哀思，凝聚情感，都可以通过丧葬之礼体现出来。至于灾荒，都是急茬儿，也要弄那些繁文缛节的礼仪吗？在这个问题上，或许正显现出中国传统礼乐制度的思虑之周延。如"备荒之政"，也就是防范灾荒的预警机制，又如"散利"，也就是赈灾，都力求在日常生活中，以礼仪的形式养育成从容应对的习惯，不至于出现赈灾者摆出救世主的姿态、灾民哄抢赈灾物资的场面。

五礼中，吉礼、嘉礼、宾礼都是《道德经》所说的"吉事"，而军礼、凶礼则是《道德经》所说的"凶事"。美化吉事不美化凶事，可以理解为由《道德经》所揭示的中国传统礼乐的价值取向。这种价值取向在淑世善民、蕴养温和社会等方面的优势，大概毋须怀疑。但遭遇西方文明的"船坚炮利"之后，这套礼乐文明似乎太软弱了，许多人都忧虑，一个怯战而不崇尚英雄的民族，只是一个不足以自卫、没有前途的民族。

其实，将中国传统的礼乐文明理解为不好战固然是对的，但理解为怯战而不崇尚英雄就显然片面了。即使按《道德经》来理解，对于"果"也显然是推崇的，而"果"，正是英雄不怯战的特质。《道德经》所要警示的，只是不要将造就英雄的战争状态当作社会常规秩序的基础。至于广义的传统礼乐，历来都将捍卫国家和人民的英雄尊奉为神，并且以祭祀的形式来表达敬意和怀念。这也就是《国语》所说的，"夫圣王之制祀也，法施于民则祀之，以死勤事则祀之，以劳定国则祀之，能御大灾则祀之，能扞大患则祀之。非是族也，不在祀典"。以死勤事、御大灾、扞大患的，都包括卫国战争的英雄。在古代，遍布全国各地的先贤先烈祠，就是后人向这些英雄表达敬意和怀念的场所。直到近现代才被"变革"、被废弃了。如果我们能够将传统的先贤先烈祠与现代的英雄纪念碑、英雄纪念馆结合起来，彰显出崇尚卫国英雄的民族传统，是不是更能表达出对英雄的缅怀之情？由中国礼乐文明所开创的传统，崇尚御灾扞患的英雄，蔑视嗜血侵略的变态。这个价值取向，根本目的不是要自我标榜如何高尚，而是要为正常的社会秩序提供精神上的保障。

第三十二章

道常无名，朴虽小，天下莫能臣也。侯王若能守之，万物将自宾。天地相合，以降甘露，民莫之令而自均。

始制有名，名亦既有，夫亦将知止。知止可以不殆。

譬道之在天下，犹川谷之于江海。

像第一章、第二十五章一样，本章再次讲到"道"的有名无名问题，思想上前后通贯，可以相互参照着来理解。本章的新颖之处，在于采用了一个新的譬喻："朴"。这个譬喻意味着"道"像一根原木，未经开采，未经制作，没有名目，但包含着制作成各种器用的可能性。原木既可以为栋梁，也可以做器具；至于"道"，则可能化生出已经有和未曾有的万事万物。

既然包含各种可能性，那就意味着"道"的个性特征未可规定，就像婴儿，拥有各种发展前景，但个性意志、主体特征却很微弱。所以，第二十五章说"道"很大，是"域中有四大"里最大的；本章却又说"道"很小，甚至可以推演为宇宙万物中最小的。表面上看起来，前后两章相互矛盾，但深入理解其思想逻辑，却不难发现其实同条共贯，合起来讲，"道"就是个"至大无外，至小无内"的宇宙精灵。

进而言之，"道"虽然很弱小，但强大的王侯们却不能将自己当老大，让"道"当老二。如果王侯们试图凌驾于"道"之上，将自我意志、个人的片面认知无限放大，自以为掌握了绝对真理，结果湮灭了无限可能的道性，将社会环境弄得很逼仄，不宽容，就只是个无道昏君。历史上的一些修道者，尚且"天子不得臣，诸侯不得友"，根本不受世俗名利的摆弄，何况是"道"本体呢？所以昏君之所以昏，不仅仅是由于将"道"看得太小了，还由于将自己看得太大了。反之，如果王侯能够明白"道"是万事万物的终极法则，对于这个法则的认知和遵循都是一个渐进的过程，不可能绝对掌握，因此采取开放、开明的态度，呵护社会发展的各种可能性活力，那就会成为有道之主，成为万众拥戴的领袖。

怎样呵护社会发展的各种可能性活力？在现代的政治学中，这是一个极其复杂的问题，围绕这个问题，新旧自由主义、文化保守主义都有许多话要说。而在道家看来，这个问题其实很简单，消除危害而已。《庄子·徐无鬼》中有这样一则寓言，说是黄帝向牧童请教如何治理天下，牧童回答说，"夫为天下者，亦奚以异乎牧马者哉？亦去其害马者而已矣"。除此之外的予取予夺，任意干预，全都是多余的举措，会扰乱社会自身的平衡。

不任意干预社会，并不意味着要放弃社会的秩序建设，只是说这样的建设要适可而止。这也就是"始制有名。名亦既有，夫将知止，知止不殆"的意思。分开来讲，"始制有名"即所谓"朴散而为器"，原木被制成了书桌，"道"衍生出政治、伦理等社会秩序。秩序既已形成，保持在接近自然的状态就可以了，不要将书桌又改造成椅子和板櫈，由政治和伦理又衍化出许多体现执政意志的东西。这样的东西出台一次，社会发展的多种可能性就被减损一次，早上一道"最高指示"，晚上一道"最新指示"的时代，定然是社会治理既逼仄又混乱的时代。

如果不张扬执政意志，政治以维护社会常规的、合乎自然的秩序为原则，那么政治就会像大海一样，为社会的有序发展拓展开更大的空间。所以对于王侯来说，如果你是大海，百川自然就归附于你；如果你是峭壁，那就一滴水也留不住。严峻的政治与宽容的政治，差别就有这么大。

第三十三章

知人者智，自知者明。胜人者有力，自胜者强。知足者富，强行者有志，不失其所者久，死而不亡者寿。

俗话说，人贵有自知之明。这句带有哲理韵味的常用语，就渊源于《道德经》。可见不管读不读《道德经》，《道德经》的许多智慧都已经融化到我们的生活之中。只是对于这些智慧，我们可能知其然却不知其所以然。怎样才算有自知之明？自知之明何以珍贵？这些所以然层面的问题，大概只有在研读《道德经》的时候才会引发我们的深思。

按照《道德经》的表述，自知之明可以与知人之智对应起来理解。知人的智能，融合着经验、知识和判断力，就像伯乐相马一样，对于所要观察的对象，能够体会其性情、判断其行为。这样的智慧，因头脑里的活动而产生，是善于思索和想象的能力。而自知之明不仅需要同样的智慧，而且还需要有一颗透脱的心灵，唯其内心莹彻，不昧于欲，不惑于利，才可能透透亮亮地看清一个真实的自我。比较而言，知人的智慧是头脑的用，而自知之明是头脑与心灵的体用合一。

在历史上，曾有许多既能知人又能自知的范例，而且由于这样的自知知人，成就了各自的丰功伟业。例如管仲，在齐桓公最初与他商量百官人选的时候，他推荐五位参政的核心人物。"升降揖让，进退闲习，辨辞之刚柔，臣不如隰朋，请立为大行。垦草入邑，辟土聚粟，多众尽地之利，臣不如甯戚，请立为大司田。平原广牧，车不结辙，士不旋踵，鼓之而三军之士视死如归，臣不如王子城父，请立为大司马。决狱折中，不杀不辜，不诬无罪，臣不如宾胥无，请立为大司理。犯君颜色，进谏必忠，不辟死亡，不挠富贵，臣不如东郭牙，请立以为大谏之官"，这五人各有所长，能够治国强兵，论单项都是他所不能及的。但要想成就霸王之业，他就在这里（《管子·小匡第二十》）。齐桓公最终在管仲的辅佐下九合诸侯，一匡天下，就得益于这个人才荟萃的核心团队。

又如范蠡，越王勾践第一次与吴王夫差开战，输得一塌糊涂，只好到吴国去当人质，让范蠡代表自己监守越国，而范蠡说，处理四境之内，百姓之事，我不如大夫种；四境之外，应对敌国的方法和决断能力，种不如我（《国语·越语下》）。于是文种留守越国，范蠡陪勾践到吴国做人质，最后来了个大翻盘，越国灭了吴国。

当然，也有些人，不缺乏知人的智慧，却未必有透亮的自知之明。例如宋真宗时的宰相李沆，知人论世都很有一套，当时号称"圣相"，但对于自己过于保守老成的执政格局，却未必看得很清楚，所以在他居相位的时候，就是个天下无人才的局面。有人抱怨他接待宾客常沉默寡言，不相与商议政事，而李沆回应称，"吾非不知也。然今之朝士得升殿言事，上封论奏，了无壅蔽，多下有司，皆见之矣。若邦国大事，北有契丹，西有夏人，日旰条议所以备御之策，非不详究。荐绅如李宗谔、赵安仁，皆时之英秀，与之谈，犹不能启发吾意。自余通籍之子，坐起拜揖，尚周章失次，即席必自论功最，以希宠奖，此有何策而与之接语哉？"（《宋史》列传第四十一）盛名在外的李宗谔不行，赵安仁也不行，就证明其他的人全都不行？没有名位的人见到他这位看上去老谋深算、莫测高深的宰相，难免会礼仪不周，这就能证明全都是无用之才？稍后范仲淹推行"庆历新政"，怎么就突然间人才殷盛？一个缺乏自知之明的人，如果不是为了名利而妒贤嫉能，那就是武大郎开店，左右都会弄得万马齐喑，环境消沉。所以《道德经》告诫说，知人的人固然智慧，但只有自知的人才会透亮。也只有心灵透亮，才能够让知人的智慧发挥正面的作用，否则，知人的智慧也可能被用于妒贤嫉能。

同样，"胜人者有力"是外在的，是用；"自胜者强"是内在的，是体用合一。也唯其有自知之明，在精神上能够超越小我的局碍，内心的力量才会强健，才敢于放开眼量，欣赏不同的人各展其才。

　　"知足者富"等，都是类似格言，很容易理解，就不多说了。

第三十四章

大道泛兮，其可左右。万物恃之而生而不辞，功成而不名有，衣养万物而不为主。常无欲，可名于小；万物归焉而不为主，可名为大。是以圣人终不为大，故能成其大。

《道德经》和《周易》，开创了中国哲学的一个重要传统，即致思于天地万物的生生之意。这个传统，很难用现在中学、大学课本里的哲学模式去概括、去理解。课本里的哲学模式，简言之即世界是物质的，物质是运动的，运动是有规律的，其中包括对立统一等三大规律和现象与本质等五大范畴。之所以说这套哲学模式很难用来概括、理解中国的古典传统，是因为它渊源于西方的理性主义，与抉发天地生生之意的中国传统，方枘圆凿，两不相宜。

对于这种理性主义，近现代西方的许多哲学家，也都认识到毛病很大，只是裹了层"辩证法"包装袋的机械论，生命系列在这种机械论里永远都不能获得本体论依据，因此纷纷反水，用"生命哲学""现象学""存在主义"等名目，为生命系列争取本体论地位。争取的场面波澜壮阔，中国读者所熟悉的哲学家，如叔本华、尼采、伯格森、胡塞尔、海德格尔、萨特，等等，就都是这个阵营里的健将。

　　既然出现这样波澜壮阔的场面，那就说明争取的过程遇到了强大的阻力，否则不可能造就如许英雄。在西方社会里，这种阻力不来源于政党意识形态，却来源于两个根深蒂固的传统。一个传统是古希腊的科学理性，由之长风万里，就形成现代将生命系列作为研究对象的生物学。生物学能够解决生命形态的诸多问题，贡献多多，但生物学不能为生命确立本体论依据，因此也就不能使之获得终极意义，获得形而上的尊严。另一个传统是宗源于古代希伯来的宗教，这个传统将生命系列放进上帝的关爱情怀里，垂挂在上帝的意志之下，于是人类面对茫茫宇宙时不再茫然，有所归属，有所敬畏，生命的自我意识和情绪也就获得安顿。但在宗教的宇宙设计中，生命系列又毕竟只是上帝的作品之一，是被创造者，因此也就不具备获得本体论依据的资格，不能被赋予终极意义和形而上的尊严，否则人与上帝平起平坐，信仰的世界岂不是要坍塌？

　　中国的传统与西方传统不同。不仅传统不同，从传统到现代的思想路向似乎也差异迥然。如果说现代西方的思想前沿所探寻的，正是中国古典传统的矿石老坑，那么坐在这方老坑上的现代中国学术，反而没有什么感觉，因为中间隔着一层用西方理性主义的材料编制而成的垫子，弄得我们浑身又麻又痒。麻是由于看到了西方文明的进步，一处刺激很强烈，其他的感觉就麻木了，所以在解放人的根本目的在于解放生产力的逻辑支配下，只剩下解放，看不见人；痒是将生命的终极意义问题吊挂起来，期待凭着理性的必然逻辑就一定能够实现文明复兴的目标，于是在社会心理上，希望大家都忍一忍，尽快赶上西方文明才是最重要的。结果有些人忍住了，默默地为社会做着自己的贡献，也有些人逮住社会默契不等于制度约束的机会，横捞竖捞，盆满钵满，不公平的格局也就凸显出社会默契的脆弱和制度建设的紧迫性。

毋庸置疑，在当今这样一个各种"主义"都发言盈庭的时候，制度建设所欠缺的，绝对不会是思想资源，不会是没有人想得到，而是如何达成将人放回核心位置的基本共识。没有这样的共识，再怎么华丽的制度设想，再怎么逻辑严谨的制度论证，诸如儒家之所谓王道、仁政，观摩西方的自由、民主等，都可能相互抵消，演变成思想上的零和游戏。怎样达成这样的共识呢？文学唤醒人的感情很重要，法律保护人的权利很重要，政治学论证人对于社会的先决地位很重要，宗教和信仰提振人的精神也很重要，除了这些都不应缺席的文化大员之外，显然还应该有一位既提供原动力又引领方向的统帅，那就是作为一个文明体系最崇高的概念。

中华文明体系最崇高的概念，按照金岳霖比较世界各大文明体系所做出的判断，是"道"。而《道德经》作为率先从哲学的意义上阐发"道"概念的经典，强调"道"生万物。这意味着"道"之所以崇高，不仅仅在于它给万物画出了道道，定了个规矩，让万物运行符合规律，还在于它赋予了万物无穷无尽的生机，让万物生生不息，或者换一句更利索些的话来说，"道"就是万物的生生之意。

那么在哲学的意义上，我们可以怎样理解生生之意呢？

按照现代人的科学观念，日月斡旋，星移斗转，是天体物理学上的自然现象，与地球上的生命没有关系。虽然现代科学热衷于寻找外星生物，尤其希望找到比人类智慧更高的外星人，但迄今为止，毕竟还处于猜想和搜索的阶段，没有可信的证据能够证明外星生命确实存在，所以对于人类来说，地球之外的宇宙，只是一架不知被谁拨动的庞大机器。至于地球上的生物，也只有植物、动物两大类。植物虽然活着，但没有智能，不能自主行动，无非是些"木桩子""随风倒的墙头草"而已。动物有智能，能够自主选择行动，但不同种类的动物，能量差别巨大，只有人类是天地钟灵秀的宠儿，能够将自主选择升华为自由意志。而自由意志，是比自然本体更高超的精神本体。这样，在不违背科学的前提下，人类终于为自己确立了哲学上的本体论地位。这种思路，或许可以权且充当伯格森等人哲学逻辑的彻底减缩版，将精彩的思辨和人性的感动抹去，剩下的思维路向大概就这样了。

老子没有现代人的科学观念，也不特别着急人的本体论地位，但他从"道生"的源头上说起，对人的地位等问题虽引而不发，却能"悠然见南山"，点示出人的地位之所以成为一个问题的症结之所在，思想的展开也就别具一种神韵。

按照《道德经》的文本表述，"万物恃之以生"，可见"道"是万物之所以能生的原动力，不依恃这个原动力，万物就无从生成。但同一个"道"，却能生成品性各异的万物万类，又可见这样的生不是"龙生龙，凤生凤"，不同于物种的自我繁衍模式。如此看来，理解"道生"需要选择一个很独特的视角，即一方面要参照，另一方面又不能套用动植物繁殖的模式，那么"道生"究竟是一种什么样的"生"呢？

下文第四十二章说，"道生一，一生二，二生三，三生万物。万物负阴而抱阳，冲气以为和"。从"道"到万物，中间有一二三的生成环节，好像很复杂。而从"万物负阴而抱阳"一句来看，生成环节的关键在"二"，也就是一阴一阳。作为一阴一阳之老前辈的"道生一"，显然可以理解为阴阳混沌未分的状态，即《周易》之所谓"太极"。而作为一阴一阳之后生晚辈的"二生三"，当然就是阴与阳相对交合的"冲气以为和"。这样看来，"道生"或者代表万物生生之意的"道"，并非直接化生出具有生息繁衍能力的动植物，而是首先化生出阴阳。在中国古代哲学的语境中，阴阳无疑指天地、日月、雌雄、男女等。这是否意味着从天地日月到地球上的动植物，其实是一个生生不息的大系统？意味着讲"道生"不能撇开天地宇宙，专讲地球上这些能生能动的物件儿？是的，这也正是中国古典传统与现代西方的"生命哲学"有所不同的地方，尤其是《道德经》的"道生"，是涵盖着天体物理学的对象和生物学的对象一起说的。从这个角度来理解"道"所代表的生生之意，则生成是宇宙的终极目的，也唯其如此，所以宇宙万物才是有不是无，是动不是静。如果没有生成的目的，则宇宙万物为什么是有？为什么要动？全都成了不可解的问题。

既然生成是宇宙的终极目的，日月星辰都围绕这个目的转动，而人能够效法"道"和天地的生成，所以与"道"以及天地同列，是"域中四大"之一，那么人的地位怎么会成为一个问题呢？《道德经》说，"道"虽有生生不息之意，但"功成而不名有，衣养万物而不为主"，所以站在"道"的立场上来看，人的地位本来不成问题，只是由于两个思想文化上的盲点，让人的地位不仅成为问题，而且还很严重。第一个盲点是人类背离"道生"的真相，塑造出某个创造并且占有人类、主宰人类的神，然后匍匐在这个神的脚下，自由而尊严的精神尽失；第二个盲点是某个或者某些人利用第一个盲点，将自己说成神的代言人或者神意的执行者，将其他人不当人，弄得社会上就只有装成神的人和不被当人的人。所以人的地位问题，说到底是将人当成人的问题。怎样将人当成人呢?《道德经》说,"万物归之而不为主",学点儿"道生"的智能和德性就行了,不要老是冒充老大,自以为是时代的主宰。

第三十五章

执大象，天下往，往而不害，安平泰。乐与饵，过客止。道之出口，淡乎其无味，视之不足见，听之不足闻，用之不足既。

现代学术评述古人的思想，喜欢用一个词，"朴素"，诸如朴素唯物主义、朴素辩证法，等等。在现代汉语中，如果说某人衣着朴素，大概还算是褒义词；如果说某人思想朴素，褒贬之意就很难说了，反正都是个理论上居高临下的姿态。然而就审得失、辨是非而言，花哨的理论会将视线弄得很模糊，而朴素近乎实，不掩盖真相，又有什么不好呢？例如这一章，"执大象，天下往"，前一句讲措施，推行道化，"大象"也就是道；后一句讲效果，天下人就都来投奔；政治思想就很朴素。朴素到什么程度？朴素到现代人用一句口头禅就能概括，"用脚投票"。没有复杂深邃的理论阐述，也没有激情澎湃的人性申诉，一个地方的治理模式让人受不了，抬腿走人就是了。

不但道家，儒家也同样朴素。判断什么地方治理得好或者不好，不用说别的，就看人们从哪里走向哪里。《论语》记载，"叶公问政，子曰：近者说，远者来"。说通悦，也就是良善的政治让近处的人喜欢，让远处的人来投奔。《论语》里还有一句，也是孔子说的，"远人不服，则修文德以来之。既来之，则安之"。这和《道德经》说的"往而不害，安平泰"，如出一辙。

修文德，行仁政，是儒家所主张的良善政治。《道德经》也说，"乐与饵，过客止"，可见道家对于仁政的感召力，也是肯定的。不过，道家还有另一个比仁政更吸引人的法宝，"道之出口，淡乎其无味。视之不足见，听之不足闻，用之不足既"。淡淡的"道"，对人不构成视听味等感官刺激，对于人的意识，当然就更不构成操控了。然而，大家都使用这个"道"，却又取之不尽，用之不竭。猜猜这个谜语，除了人各蹈乎自然的"自由"，还能是什么别的东西呢？

所以在《道德经》朴素的政治思想中，"自由"是个法宝，可以让近处的人安平泰，让远处的人"往"或者"来"。

第三十六章

将欲歙之，必固张之；将欲弱之，必固强之；将欲废之，必固兴之；将欲夺之，必固与之。是谓微明。柔弱胜刚强。鱼不可脱于渊，国之利器不可以示人。

这一章专讲谋略，显然是许多人都会喜欢的。人生在世，谁还没有个需要竞争的事情呢？一个国家、一个民族，什么时候又会缺少竞争的对手呢？所以在现实世界中，竞争是无可避免、无处不在的。既然竞争，就不能单纯拼体力，更多的时候还需要运用智力，而谋略是智力竞争的常见形态。

然而，谋略又是一把双刃剑，谁也不敢担保讲谋略、用谋略的人就一定真正懂谋略，能够用好谋略。而谋略能否用好，用得恰当，结果可就大不相同了。尤其是像《道德经》这样建立在深邃哲学基础上的谋略思想，用好了可以像历史上的"文景之治""贞观之治"那样，让社会在宽松而开明的环境下平衡发展；如果用不好，也可能像天宝年间的唐玄宗，政治上标榜垂拱无为，行为上尽弄些歌舞升平的花花事，被阿谀奉承的野心家蒙在鼓里，结果一场"安史之乱"，盛唐文明遭受毁灭性打击。所以对于《道德经》的谋略，我们必须慎思之、明辨之，不能看到几句话就跃跃欲试，以为掌握了诀窍，可以"宇宙在乎手，万化生乎身"了。

必须慎思的第一个问题是：《道德经》"柔弱胜刚强"的谋略，在什么样的环境下、针对什么样的对手才是有效的？举个例子说，美国无疑是当今世界的头号超级大国，与这样的大国竞争，如果采取"将欲歙之，必故张之；将欲弱之，必故强之；将欲废之，必故兴之；将欲取之，必故与之"的谋略，帮着美国发展壮大，会产生什么样的后果呢？一个利益节点布满全球的美国，或许会像《道德经》所预估的那样物极必反，盛极而衰，但代之而起的，必定是一个全新的世界格局，绝不会还是原来的竞争对手。看看与美国展开军备竞赛的苏联，再看看与美国展开意志对抗的伊拉克、阿富汗、利比亚，美国确实会在弄翻对手的过程中日益强盛，但谁也不能确定它是否有一个盛极而衰的拐点，更不用瞎猜这个拐点会在什么时候、以什么方式出现了。

这么说来，是否意味着《道德经》的谋略虽然出于老子，但其实很幼稚？不，当然不是。老子毕竟是老子，一个史官出身的哲学家，深谋远虑是他写作《道德经》的基调。但既然要讲谋略，就不能流于空谈，不能不着眼于现实，老子也不例外。而老子时代的现实，就是诸侯争雄称霸，《道德经》的谋略，简言之是为争雄称霸的诸侯制订的。诸侯竞争，国家的权利、荣誉、意志等，全都集中于诸侯一身，所以"将欲歙之"等一系列指示代词的"之"字，专指诸侯。表面上看起来，诸侯能够有效调动治内的所有资源，决策权高度集中因而维持着高效率，避免扯皮，还有一个高度凝聚的"朕即国家"的国家意志，没有那么多持不同政见者的牵制，似乎一切都有利于竞争的高效率发挥。但这种高效率，也鼓荡出诸侯的自我膨胀，像个气球，如果顺着其自我膨胀的冲动继续"张之""与之"，爆裂也就是理有固然、势所必至的结果了。爆裂的表现，包括武断、强梗、暴戾、贪婪等。而在"朕即国家"的体制下，诸侯爆裂，国家也就面临着丧乱甚至崩溃的厄运。所以对于集权体制下的诸侯竞争模式，老子的这套谋略确实是很厉害的；而对于没有诸侯集权的体制，这套谋略可能会因为找不到"将欲歙之"的"之"，无处着力。

必须慎思的第二个问题是，"柔弱胜刚强"的谋略究竟是冷僻孤立的奇招异谋，还是一个完整体系的有机组成部分？这个问题并不复杂，只要我们留意到这是个问题，答案就显而易见，《道德经》的谋略，是其思想体系的一个有机组成部分，必须放在"道法自然"的思想体系中来理解，也必须放在"道法自然"的政治体制中来运作。否则，思想上奉行强权意志，政治上对内严刑峻法，对外却处慈守柔、奴颜婢膝，那就不是什么谋略了，而是晚清式的苟延残喘。

将上述两个问题合起来看，《道德经》"柔弱胜刚强"的谋略，其实是一个国家大战略的有机组成部分，这个大战略就是如何以"道法自然"的体制战胜诸侯集权的体制。在权力意志上，"道法自然"固然很柔弱，而诸侯集权很强硬，但这种强硬只是一条上了岸的鱼，能蹦跶，难长久。所以《道德经》说，"鱼不可脱于渊，国之利器不可以示人"。鱼不上岸，也就是权力不脱离百姓；国之利器也就是国家的凝聚力，不可像强权意志那样让人一目了然，轻易就能被利用。

第三十七章

道常无为而无不为。侯王若能守之，万物将自化。化而欲作，吾将镇之以无名之朴。无名之朴，夫亦将无欲。不欲以静，天下将自正。

《道德经》分道经和德经两个部分，道经 37 章，德经 44 章，相对集中地阐述道和德两个主题。本章是道经的最后一章，与第一章着重讲"道"是有是无的本体论形成对应，本章着重讲"道"的效用，讲无为之"道"与无不为之效用的关系。

强调各自学说的效用，而非锐意强调其学说的逻辑合理性，是先秦诸子百家学共同的倾向，也是中国学术经世致用的一项传统，源远流长。但各家学说的思想内涵不同，关于社会建设的主张不同，经世致用的表现、自我期许也就不同。如《论语》载，"或问禘之说，子曰：'不知也。知其说者之于天下也，其如示诸斯乎！'指其掌"。禘是周天子奉先祖以德配天的祭祀仪式，也是中国古代敬天法祖信仰的最高体现。但非天子而行其礼仪，被认为是破坏礼乐制度的僭越，所以孔子推托说"不知"。"知其说者"是遵循这套礼乐制度的人，"之于天下"即治理天下。在孔子看来，遵循礼乐制度以治理天下，易如反掌。《中庸》也记载了孔子的这段话，"明乎郊社之礼，禘尝之义，治国其如示诸掌"。大意一致，但《论语》的说法委婉含蓄些，《中庸》的说法更直白。而儒家，正是这套礼乐制度的知识继承者和价值守护者。

与儒家守护礼乐制度不同，道家推阐无为而治的道化。"道常无为而无不为。侯王若能守，万物将自化。"同样讲治理国家的效用，儒家说只要按照礼乐制度办事，治国就像伸出手掌一样，很容易；而道家说"万物将自化"，与执政者伸不伸手掌没关系，万物自身就能合理化，所以更容易。其他的诸子百家学派，也同样强调各自学说的效用，创造出"理论自信"的各自版本。但是历史所给予的机会，并非诸子百家一律平等，都能像儒家、道家还有法家那样，在不同的历史时期被作为国家治理的基本方略或指导思想，一试身手。儒道法之外的墨家、农家以及宋钘、尹文学派等，都没有这样的幸运或者不幸，其思想理论是否足以致世太平，始终是个未知数。

就儒道法三家而言，由法家专擅权力的时期都很短，如秦朝、宋神宗元丰年间等。秦始皇奉行严刑峻法，元丰年间的宋神宗"乾纲独断",都由于高度集权并且无节制用权而遭到社会抵制,验证出单纯的法家治国行不通,所以更多的时候,法家都躲在儒家的后面,以"内法外儒""阳儒阴法"的方式参预政治。儒家被用于治国理政的时间最长,但纯粹遵循儒家学说的例子却不易找到,即使像汉武帝那样舆论上宣称"独尊儒术",实际上使用的也多是法家手段以及主父偃等人的纵横家招数,所以在中国历史上,儒家长期是政治的"面子",至于"里子"究竟是什么,需要具体时代具体分析。

将道家学说应用于治国理政,既有过成功的经验,也有过失败的教训。成功在汉文帝、景帝时,史称"文景之治";失败在魏晋时,后人谓之"清谈误国"。同样将道家的"无为而治"学说应用于治国理政,何以产生成败两重天的巨大差别?这个问题需要结合具体的历史实践和时代环境进行比较分析,这里我们不展开这样的分析,但通过效用有差别的基本事实,我们至少可以做出一个判断,即"无为而治"的道家政治理念,内涵并不像表面上看起来的那么简单,不能望文生义;实践中更不是一用就对,不是只要坐得住,天下就会治理得好。因为"无为而治"的提法具有极大的解释空间,既可以满足执政者的惰性,也呼应老百姓抵制过度干预的要求,所以在广受欢迎的同时,也存在被简单化误解的风险。

怎样的理解才算不是误解呢?老子不能复生,聚讼也就没有定论。但总结上述一成一败两个历史阶段的经验和教训,将经典理论与历史实践结合起来，对于深化我们的理解想必是有启示意义的。而且这样的总结，古人早就着了先鞭，带着那个时代的感受，理论叙述也就更真切，更鞭辟近里。

司马迁的父亲司马谈，是"文景之治"的亲历者，作为太史令，应该还是最留意文帝、景帝"无为而治"事件的目击者。在《论六家要指》中，司马谈这样叙述他对道家无为的理解，"道家无为，又曰无不为，其实易行，其辞难知。其术以虚无为本，以因循为用。无成势，无常形，故能究万物之情。不为物先，不为物后，故能为万物主。有法无法，因时为业；有度无度，因物与合"（《史记》卷130《太史公自序》）。从"其实易行，其辞难知"一句来看，司马谈的总结应该是着眼于历史实践的，而非理论思辨层面。就历史实践而言，道家无为的要义，首先在于不先入为主，不预设某个固定的治理模式、治理目标以为"本"，也就是不搞教条主义、本本主义那一套；其次在于以因循为用，也就是因应万物之情、遵循万物之势，法度的运用以适应时代和物理为准，所以机动灵活，因时制宜、因地制宜。显然，这样的"无为而治"，不是不作为，而是不放任主观意志胡作为，说白了，就是个"摸着石头过河"的经验理性思路。

西晋哲学家郭象，是魏晋"清谈"的亲历者。作为达官贵人、文人雅士的思想沙龙，"清谈"的话题主要来源于"三玄"——《周易》《老子》《庄子》，话题中当然包括"无为"

的问题。而据郭象的观察，当时人对于"无为"的理解，存在令人担忧的偏失，所以他利用注解《庄子》的机会，向沉湎于清谈的名士们示警，"无为之言，不可不察也。夫用天下者，亦有用之为耳。然自得此为，率性而动，故谓之无为也。今之为天下用者，亦自得耳，但居下者亲事，故虽舜、禹为臣，犹称有为。故对上下则君静而臣动，比古今则尧、舜无为而汤、武有事。然各用其性，而天机玄发，则古今上下无为，谁有为也？"

因为"无为"之说在当时占领着舆论上风，所以郭象只能表达这种思辨性的异议，意即"无为"不是不作为，而是符合本来真性的动作行为。就符合本来真性的意义而言，古代的圣君贤相如尧舜汤武等，各做自己该做的事，所以全都是"无为"的。这样的"无为"之中，就包含着治理天下的种种实事，只不过剔除了自私用智的人谋诡计而已。对照"永嘉之乱"而西晋灭亡的历史，郭象的示警确实让人触目惊心。就连老庄的信徒、道教的宗师陶弘景都曾赋诗，为那个时代哀婉，"夷甫任散诞，平叔坐谈空。不意昭阳殿，化作单于宫"。夷甫是西晋时的清谈领袖王衍，平叔是曹魏时的谈玄名家何晏，二人都据有极高的政治地位。但在魏晋禅代之际，先有曹氏兄弟相煎，后有司马氏家族用政变阴谋取代曹氏，政治的最高层污浊不堪，所以何晏、王衍等虽身居高位，但没有人愿意为皇权扶持纲领，只以清谈的风雅撇开私天下肮脏的权力纠结，但随着"永嘉之乱",五胡乱华,善清谈、好风雅的名士们无可避免地成了肮脏权力的殉葬品。王衍被石勒推墙填杀时,说了这样一段话,"呜呼!吾曹虽不如古人,向若不祖尚浮虚,勠力以匡天下,犹可不至今日"(《晋书》卷43)。

所以关于"无为"、关于自由主义的不合作,我们有许多需要深思的地方。

德
经

第三十八章

上德不德，是以有德；下德不失德，是以无德。

上德无为而无以为，下德为之而有以为；上仁为之而无以为，上义为之而有以为；上礼为之而莫之应，则攘臂而扔之。故失道而后德，失德而后仁，失仁而后义，失义而后礼。夫礼者，忠信之薄而乱之首。前识者，道之华而愚之始。是以大丈夫处其厚，不居其薄，处其实，不居其华。故去彼取此。

这一章在《道德经》里算是篇幅很长的，但与冗长的佛经比较，尤其是与算字数论成果的现代学术论著比较起来，其实也只有寥寥几句，而且都是断语，意思清楚明白，本来不需要多做解释。但由于在中国思想史上，这寥寥几句曾引发思想波澜，酸酸却形象地说，是在文明合理性的源头上画了个惊天大问号，所以不愿错过思想风景的人，都会打破砂锅问到底，重

新审视这桩思想史公案。

既然是公案，当然就有控辩双方。由于公案所围绕的，是仁义礼智等文明规范的合理性问题，所以我们将道家作为控方，控方对文明规范的合理性提出质疑。愿意而且能够针对这项质疑展开辩护的，当然是儒家，儒家的正式辩护虽然迟到了些，是唐宋时韩愈和二程对先秦老庄的回应，但如果没有这样的回应，道家质疑的思想价值也就无从朗现。所以控辩双方的出现虽然有时间差，但思想的对话并没有代沟。

质疑仁义礼智等文明规范的合理性，最痛快淋漓的段落都在《庄子》里，诸如质问仁义是否出于人性，指责所谓仁孝是将天生就仁孝的曾参和史鱼的个性当成了人类的共性，而虚假的共性塑造必将诱发社会生活的虚伪，等等。因为《庄子》的文风很辛辣，所表达出的情感很强烈，所以在某些郁结难伸的时代里，在某种孤愤难鸣的心境下，《庄子》都能引发思想者的共鸣。例如上章提到的魏晋之际，嵇康、阮籍等人怀着满腹真话却说不得，就一边玩些隐逸的游戏，弄出个什么"竹林七贤"，另一边又从古文堆里摸出以前很冷门的《庄子》，你读我读，分享快乐，说是借他人的杯中酒，可以浇自己胸中的块垒，也就是看着《庄子》嬉笑怒骂，心里超痛快。

因为思想史曾有过魏晋那样的经历，而文明世界里的虚伪现象又从来都不稀缺，所以《庄子》一直是许多读书人私下偷着乐的宝典，关于道家对仁义礼乐等文明规范的质疑，也因此获得许多人感性的认同，却很少引发理性的深思。唐代韩愈是个大文豪，但在思想史上却只因"性三品"说占有一席之地。其实，韩愈对道家质疑仁义礼乐的回应，可能比"性三品"说更具有思想内涵，更值得玩味。这也就是《原道》开宗明义的第一段，"博爱之谓仁，行而宜之之谓义，由是而之焉之谓道，足乎己无待于外之谓德。仁与义为定名，道与德为虚位。故道有君子、小人，而德有凶有吉。老子之小仁义，非毁之也，其见者小也。坐井而观天，曰天小者，非天小也。彼以煦煦为仁，孑孑为义，其小之也则宜。其所谓道，道其所道，非吾所谓道也。其所谓德，德其所德，非吾所谓德也。凡吾所谓道德云者，合仁与义言之也，天下之公言也；老子之所谓道德云者，去仁与义言之也，一人之私言也"。仁与义为定名，意味着仁义是文明规范的真实内涵；道与德为虚位，意味着道德是文明规范的抽象概念。在韩愈看来，如果像老子那样将道德与仁义剥离开来，将道德孤悬为文明合理性的抽象前提，将仁义鄙薄为人与人的情感姿态，那么道德就会空洞化，而仁义则会矮小化。这样甄辨儒道两家关于道德仁义的思想差别，在韩愈这里还有一个维护"道统"的真实用意，即从尧舜禹汤周公孔子以来的"道统"，传承着仁义礼智等文明规范的真实内涵，是华夏文明之"道"的正宗。

在思想史上，就道德与仁义的关系问题甄辨儒道之同异，韩愈可谓孤声先发。而将韩愈的敏锐发现扩而充之、述而广之的，是北宋程颢、程颐兄弟。如说，"杨子看老子，则谓'言道德则有取，至如捶提仁义，绝灭礼学，则无取'。若以老子'剖斗折衡，圣人不死，大盗不止'，为救时反本之言，为可取，却尚可恕。如老子言'失道而后德，失德而后仁，失仁而后义，失义而后礼'，则自不识道，已不成言语，却言其'言道德则有取'，盖自是杨子已不见道，岂得如愈也?"（《二程集》遗书卷第一）这个杨子是两汉之际的扬雄，所引述的扬雄议论，出自《扬子法言》卷三。按照二程的看法，扬雄对老子的取舍，刚好弄倒了。如果说老子剽剥仁义的言论还有个针砭时弊的良苦用心，可以引导日渐异化的文明返璞归真，虽然措辞过激，但还可以谅解，那么老子论道德，将道德仁义礼看作一个沦丧的历史过程，就完全不可接受了。因为按照老子的这种历史观，由仁义礼乐等所构筑的社会文明是道德沦丧之后的产物，必然推导出一个奇怪的结论，即社会文明缺乏道德的合理性依据，背离了文明合理性的最高概念——"道"，因此是不"道"，不应该存在的。

对于由第三十八章所引发的这桩公案，我们当然不着急做出是非判断。因为任何一个文明体系的健康发展，都必须具备批判精神和建设意识的内在张力。儒家所承担的，正是华夏文明的建设意识，锐意推进社会的文明规范，以此淑世化民。而道家则展现出华夏文明的批判精神，追问现实文明的合理依据究竟是什么，追问文明规范的建构是否背离了合理的初衷。历史地看，华夏文明之所以生生不息并且自成体系，根源正在于蕴含着这样的内在张力。

第三十九章

昔之得一者，天得一以清，地得一以宁，神得一以灵，谷得一以盈，万物得一以生，侯王得一以为天下贞。其致之。天无以清将恐裂，地无以宁将恐发，神无以灵将恐歇，谷无以盈将恐竭，万物无以生将恐灭，侯王无以贵高将恐蹶。故贵以贱为本，高以下为基。是以侯王自称孤、寡、不穀。此非以贱为本邪？非乎？故致数舆无舆。不欲琭琭如玉，珞珞如石。

这章专门讲"得一"的哲学，与我们的日常观念，确实差别巨大。在我们的日常观念里，人生有些事，最好不是"得一"，而是根本就没有，例如生病、贫困等，最好都扔得远远的。"初唐四杰"之一的文豪卢照邻，写过《病梨树赋》，而文起八代之衰的韩愈，更直接写出《送穷文》——让贫穷与疾病开始去逃亡吧，无分古人今人，心愿都一模一样。至于其他的好事，包括财富、名誉等，那可就韩信将兵，多多益善了，哪能"得一"就好、小富即安呢？所以《道德经》的说法，听起来很玄妙，但在生活中找不到感觉。

不仅我们找不到感觉，就连最有资格坐在老子对面谈玄论道的庄子，也不能将"得一"的妙处说得更清楚些。《庄子·大宗师》中的一段文字，大概就是顺着《道德经》接话茬儿的，但行文云里雾里，读者要么脑洞大开，要么就被彻底弄懵了。"夫道，有情有信，无为无形；可传而不可受，可得而不可见；自本自根，未有天地，自古以固存；神鬼神帝，生天生地；在太极之先而不为高，在六极之下而不为深。先天地生而不为久，长于上古而不为老。豨韦氏得之，以挈天地；伏戏氏得之，以袭气母；维斗得之，终古不忒；日月得之，终古不息；堪坏得之，以袭昆仑；冯夷得之，以游大川；肩吾得之，以处大山；黄帝得之，以登云天；颛顼得之，以处玄宫；禺强得之，立乎北极；西王母得之，坐乎少广，莫知其始，莫知其终；彭祖得之，上及有虞，下及五伯；傅说得之，以相武丁，奄有天下"。接话茬儿的水平确实很高，将《道德经》的天得一、神得一等，统统都演义成富有想象力的神话，活灵活现。

就庄子本人而言，这样的神话演义肯定很过瘾。因为《道德经》"得一"的意境，反正都是生活化语言难以描摹的，那就不妨借用超凡脱俗的神话意蕴，依稀仿佛之间，还能暗示出"得一"的种种奇迹。如说豨韦氏得道拎起天地，西王母得道像姑射山的仙女一样，长生不老，等等，得道后不同于常识常情的种种妙处，都通过神话的例子摆列出来了。可对于现代读者来说，神话就是典故，典故就是阅读和理解的障碍，况且庄子的神话，有些可见于《山海经》，有些已弄不清是从哪里来的，所以话说得神乎其神，意义琢磨起来也就玄之又玄了。

当然，老子、庄子都是两千数百年前的人，虽然与我们血脉相连，精神可以穿越，但两头喊话听不清，语言的代沟不可能完全没有。所以，尽管庄子的神话演义没有帮上我们什么大忙，让理解《道德经》第三十九章变得很容易，但这也怪不得庄子，谁能想到两千年后的文化会变成什么样？更何况《庄子》接话茬式的演义，对于我们理解《道德经》之所谓"得一"，也还是有些帮助的。

帮助之一是，通过《庄子》的神乎玄乎，现代读者或许能将思绪从眼前的事情上暂时挪开，看看天，看看地，再看看万物的生长，想象一下远古时代的神话情景，会发现这世界确实很神奇，是什么东西将宇宙撑开成这样？又是什么力量推着万物有序运动？随便想想都能引人入胜。

帮助之二是，《庄子》说了，世界之所以很神奇，是因为里面有一个"道"。尽管在语言上，《道德经》说"得一"，《庄子》说"得道"，好像往形而上的层面缩回去了，不能顺着"道生一"的思路继续说得更具体些、实在些、感性些，但"自本自根"等描述，幽深玄远，能将我们引向追踪什么是

"一"的思维状态。

本来,《道德经》说"得一",《庄子》说"得道",都像是哑谜。从《道德经》"道生一,一生二,二生三,三生万物"的描述中,我们只知道世界生成是一个由微而著的渐进过程,"道"是本体,"一"象征着生成程序的开始,此外并不能获知更多的内涵。而庄子创造出"自本自根"等新语言,就为我们的思路从化不开的"抱一"状态开了道口子,可以拎出些问题来,继续追索下去。什么叫"自本自根"?以前没有人这么说过,除了老子,或许也没有人这么想过。常识性的思维中,一切动植万类,不都有自己的父母吗?一切好歹事情,不都有一个前因后果吗?可老子庄子却发现,还真有那么一样东西,"不知谁之子,象帝之先",在天地万物的生长发展系列里,它是"一",是最初的种子,没有比它更根本的因果,所以说是"自本自根"的,也可以说是自因自果的。

"自本自根"的道或者一,是不是某个孤悬的绝对实体?或者像佛教的"真如"那样,是一种绝对的空灵妙境?不是的,道或者一拥有生成的能和力,"生天生地"。常识性的思维中,一切拥有生成能力的东西都不免新陈代谢,而道或者一"先天地生而不为久,长于上古而不老",是历久弥新的、永恒的。将这些思想归结起来,一句话,道或者一是宇宙万物永恒的种子。

思索这些玄之又玄的哲学问题,对于社会人生有什么意义吗？在《道德经》看来这样的意义不仅有，而且重大。因为宇宙万物的生成之道，是人类创造的最好老师，如果说生成之道的秘密在于拥有一颗永恒的种子，那么人类的创造能否在仿生、模仿自然结构之上，把握住万物生成的根本？这个根本或种子是简朴的、低下的，如果站得高、地位隆的侯王能够从简朴、低下的世界找到生成的种子，呵护社会的创造力，社会不就能生生不息、持续发展吗？这是《道德经》的淑世理想，当然也应该是我们的。

第四十章

　　反者，道之动；弱者，道之用。天下万物生于有，有生于无。

　　这是《道德经》中内容神秘的章节之一，除了从字面上猜猜所要表达的意思，不敢说我们能确切地知道些什么。

　　第二十五章说，"大曰逝，逝曰远，远曰反"，反通返，返回的意思，"反者，道之动"应该有这个意思。但返回不是折返，而是大循环，终点又回到起点，果实又回到种子。第七十七章说，"天之道，其犹张弓乎？高者抑之，下者举之；有余者损之，不足者与之"。这里面虽然没有用到"反"字，但"高者抑之"等等都是反制措施，通过这些措施，"道"掌握着万物的平衡，这应该是"反者道之动"的又一层意思。由这些"反"的意思引而申之，触类而长之，就涉及有和无的相反关系。宏观世界里，天地万物都可归结为"有"，但这个"有"

是从无形无相的"道"里化生出来的；微观世界里，物种都不是从来就有的，而是从简到繁、从无到有滋生出来的，滋生的总种子，还是无形无相的"道"。所以，所谓"反者道之动"，意味着"无"作为种子，不仅可能，而且必然要生出万有来。

说必然，好像有些强迫的意味，所以《道德经》又补了一句，"弱者道之用"。真正的必然性，都不需要强迫，而强迫要做的事情，其实都不是必然的。

第四十一章

上士闻道，勤而行之；中士闻道，若存若亡；下士闻道，大笑之。不笑不足以为道。故建言有之：明道若昧，进道若退，夷道若纇^①；上德若谷，大白若辱，广德若不足，建德若偷，质真若渝；大方无隅，大器晚成，大音希声，大象无形，道隐无名，夫唯道，善贷且成。

《道德经》学到了第四十一章，刚好一半。我们算是"闻道"了吗？也许吧，因为我们基本上了解了《道德经》的大意。对于这个大意，我们是想照着做呢，还是模棱两可、疑信参半？或者根本就不信这些有悖于常识的大道理，只愿意守着常识去判断是非得失？在这个问题上，"我们"可能会分解成"你我他"，选择各不相同。

---

① 纇（lèi），不顺畅，引申为难以做到。

在中国古典的思想文化中，"闻道"是一种极高的境界。孔子说，"朝闻道，夕死可矣"。这意味着闻不闻道，是生命觉悟的一道分水岭，分判出存不存疑惑、留不留遗憾的两重天。两重天的差别究竟有多大？人本来只是天地间很渺小的一个个生灵，但闻道的人可以借助"道"这个浓缩器，将天地万物都装进自己的精神世界里，从而参赞天地之化育，升华到与天地并立的境界。而不闻道的人，依然只是天地间茫然一生灵，精神世界里只有本能的生发动用，装不进更多的东西。这样的差别，说不准有多大。

闻道的人超越地活着，不闻道的人本能地活着。当真理解人生有这么大的差别，谁还不愿意做个闻道的人呢？然而事情又没有这么简单。所谓超越，是内在精神层面的，观念意识层面的，看不见、摸不着，在感官的狭小空间里，非但不能表现出精神升华，让人骄傲，还会从内到外散发出谦卑，所以《道德经》列举十二个例子，以说明闻道的超越，其实是放下虚荣和假象，例如，真明白的，表象反而愚钝；能进益的，表象反而谦退；走正道的，表象反而曲折；等等。从这些例子中，我们可以归纳出一个什么样的道理呢？"夫唯道，善贷且成"，"道"是一位业务精熟的银行家，只要我们将虚荣和假象等不良资产件件放下，就可以向"道"借贷，从而成就自己的超越。

问题只在于，我们明白智慧需要借贷吗？又了解如何向"道"借贷吗？

第四十二章

　　道生一，一生二，二生三，三生万物。万物负阴而抱阳，冲气以为和。

　　人之所恶，唯孤、寡、不毂，而王公以为称。故物或损之而益，或益之而损。人之所教，我亦教之。强梁者不得其死，吾将以为教父。

　　讲到第四十二章，有一段小插曲。余敦康先生曾问我，《道德经》的生成，是道生一，一生二，二生三，三生万物；《易经》的生成，是太极生两仪，两仪生四象，四象生八卦。一个用自然数列，一个用加一倍法，这样的差别，有什么特殊含义吗？

　　余先生一代大家，对"三玄"的研究尤其精审，当然不会无谓发问。但问题中究竟包含了什么样的深意，还真的颇费思量。从体例上说，《易经》两爻成卦，无论八纯卦还是六十四重卦，都是两两相对的，所以用加一倍法，符合体例要求，顺理成章。而《道德经》特别强调"自然"的理念，采用一二三的自然数列，也符合其思想逻辑。只是在揭示"自然"的体系性方面，《易经》有六十四卦、三百八十四爻，综括万象，"自然"的体系更严密，也更具体；《道德经》讲"道法自然"，没有体系性的具体节目，不免泛论较略。却也正由于泛论较略，所以《道德经》的体系是开放性的，《易经》的体系则相对封闭，只是在六十四卦的卦序安排上，最后两卦先"既济"，后"未济"，为下一轮循环开了道口子，不至于终结在"既济"的完美上。这样两种"自然"理念趋同，而体系表现各别的经典传统，对于中国思想模式的发展究竟产生了什么样的影响，还真的需要坐下来研究研究，才可能说出个子丑寅卯来。

略能说得清楚的，是这章《道德经》对于道教的影响。道教的基本信仰和教理，概括起来就是"一气化三清"，即玉清元始天尊代表"道生一"，神殿上的形象，就是并列的三尊老神仙，居中的那位掐子午诀捏一混沌球；上清灵宝天尊居左位，抱持个阴阳鱼太极图，象征"一生二"；太清道德天尊居右位，持芭蕉扇，扇上画幅太极图，象征"二生三"，并且一扇风起，阴卷阳舒，"冲气以为和"地化生出万物。这样的"一气化三清"，是道教创世纪神学的三个阶段。但三个阶段是递进的关系，不是替代的关系。对于道教来说，不仅"三清"是同一尊神在不同阶段的应化，而且天地间的每一个生命，也都是由于禀受了元始天尊的"一点元阳",才能够以生命的形态出现。而修持、养生、行法术等,都是从自身找出这"一点元阳",养护之,运用之。

道教对于《道德经》的引申发挥,既可以理解为精深的哲学塑造出一门宗教的教理,也可以理解为宗教将哲学的精深理论神学化、通俗化,无论如何,道教通过引申发挥《道德经》,都历史性地将其哲学观念转化成了稳定的信仰形态、文化形态,从而被更多的人所理解、接受并且传承。尤其是道教追寻"一点元阳"的宗教修持和体验,将《道德经》的哲学观念贯彻到实践的层面,虽然观感上有些神秘,但对于体验过的人来说,这里面包含了"我"与天地万物的同生共体的联系,包含了宇宙真相至简至易的感知,也包含了"修真"以守一为种根的信念。

显而易见,道教的引申发挥比本章《道德经》的原意要丰富许多。《道德经》的原意,只是由万物生成自简而繁的程序,告诫世人做事要抓住简易的种根,而简易的种根都是谦卑的、柔弱的,所以人生在世,不管你多么地圣文神武,都不要在心态上、态度上"强梁"。根据历史经验,"强梁者不得其死",后果很严重。

从道家到道教,或许可以看作中国思想发展的一种模式。而由《易经》所推动的思想发展模式,宗旨在于"开物成务",也就是借助卦爻象数,观察自然的体系,"推天道以明人事",

从而克服畏惧和盲目，知所规避，有所进取，以成就事业。这样两种模式，一个发掘生发动用的能力之源，一个探寻开物成务的自然之序，如果能够合起来，不正是金岳霖先生在《论道》中所说的"能"与"式"吗？中华文明的崇高概念"道"，似乎也可以从思想史上的角度梳理出一些眉目来。

第四十三章

天下之至柔，驰骋天下之至坚，无有入无间。吾是以知无为之有益。不言之教，无为之益，天下希及之。

风和水是天底下最柔软的东西，却可以穿梭驰骋在坚固的物体之间，这个"无有入无间"的道理，我们在第十一章、三十六章已经遇到过了。现在再次相遇，就不免多了份眼熟，却少了份新奇。

第十一章讲有无体用的哲学，第三十六章讲柔弱胜刚强的谋略，都与本章的内容很接近。只是由于这个道理"天下希及之"，真明白的人已然不多，能做到的人当然更少，所以老子要反复强调。可是，既然明明知道能够做到的人很少，又何必反复强调呢？青年人嫌老年人唠叨，要么是听见了，这就去做；要么是做不到，越听越烦。所以有时候，感觉老子就是我们身边的一平常老头，话有点多，但心肠很好。

既然怕唠叨，那就琢磨一下"不言之教"吧。所谓"不言之教"，简单点说就是不听唠叨，向自然学习的意思，在第二章已经出现过一次了。回到老子的时代，能够理解这层意思的人，大概确实不多。因为那个时代的人，一般都相信知识是由先王圣人传下来的，如神农尝百草、黄帝明人伦，等等，如果没有这些先王圣人传授知识，大概就万古如长夜了，老百姓只能生活在蒙昧之中。所以，要想活得明智，有知识，怎么说都不能离开先王圣人的言传身教。而老子偏偏要说个"不言之教"，好像明智不明智、知识不知识什么的，与先王圣人的教导没关系。这样的哲学判断与当时人的信仰和常识，明显南辕北辙，当时人"希及之"，对老子的说法不大理解，也就很正常。

如果说在老子的时代，人们之所以不能从"不言之教"中受益，是因为有"先王之教"这样一个信仰的拦路虎，向自然学习的理性精神还未真正成长起来，那么到现代，格局刚好反过来了，纯粹信仰"先王之教"的人，虽然未必就没有，但一定极稀罕。对于"先王之教"，更多的人都看作一种历史文化、历史传统。这样的文化或传统，当然是知识和文明的积淀，需要学习、借鉴，也可以通过语言文字去学习和借鉴，但既有的积淀本身并不是充分的、完美的，还需要不断地进行补充、校正。如何补充、校正呢？古代的经学家拿着古典校正古典，在现代人看来，那就是在"先王之教"的螺蛳壳里做道场，没有新知识的加入，充其量也只能是按照不同的现实目的，对旧知识进行重新组合而已。如何获取新知识呢？唯一出路就是向自然和社会学习，接受"不言之教"。接受的过程，也许可以分为发现和发明两个阶段，发现是观察、理解自然和社会的道理，发明是根据这个道理进行模仿或者再造。无论如何，"不言之教"都是补充、校正既有知识体系的唯一出路，当这个体系以"先王之教"的名义指导社会因而捉襟见肘的时候，尤其如此。

当然，对于老子的论断，我们也可以继续追问：自然和社会的现象，仪态万千，可以学习也应该学习的内容，无极无限，何以见得最该学习的就是最柔软的风、水或者道？这是个有趣的问题，如果我们不想仓促应答，那就不妨先放放，留待休闲的时候再从容思考。

第四十四章

名与身孰亲？身与货孰多？得与亡孰病？是故甚爱必大费，多藏必厚亡。知足不辱，知止不殆，可以长久。

道家不拿生命换财富、换荣誉的基本立场，我们在第二十二章已经粗略地提到过，杨朱、子华子将道家立场表述得很清楚。大概说来，这也是大多数中国人的立场。至少在头脑清醒的时候，大多数中国人都可以很干脆地回答要钱还是要命的问题。这倒不是说中国人比别人怕死，而是中国人算得清账，身体是本钱，而财富和荣誉等，顶多也只能算作利息。只要不折本，身体还健康，利息总会来的。尤其是最近这些年，大多数中国人都彻底弄明白了，如果过分追求高利率、高回报，风险会很大，生命和事业的小船，同样说翻就翻，每个幸运儿都能举出一堆血本无归的例子来。所以这章基本上可以不讲了，免得大家一起心酸。

然而站在社会整体的角度，我们也因此面临着一些深刻的问题：社会经济的发展需要精神动力，如果我们的传统只是教人淡化经济追求，那么我们发展经济的精神动力又能从哪里来？进而言之，已经来临的市场经济，需要思想上、文化上的秩序资源，如果固有的传统不能提供这样的资源，致使我们在面对高频率的市场竞争时，要么贪图一夜暴富，要么就无奈消沉，不能由传统习惯顺延出市场规范和遵循规范的社会共识，我们的社会又怎么可能进入和谐而有序的发展轨道？这些问题，不是研读《道德经》时必须想到的，却是中国学术界、思想界正在面对的。也同样是最近这些年，许多学者都热衷讨论马克斯·韦伯的《新教伦理与资本主义精神》，以新教伦理与英美资本主义的历史实践为借鉴，所关注的就是与上述问题相类似的一些问题。

因为马克斯·韦伯的理论自成体系，所著《儒教与道教》又会引发许多争议，所以这份讲稿不能展开来讨论。让我们假设韦伯的理论全部都对吧，那也还存在一个问题，即新教的"选民"伦理适应资本主义发展的需要，能够推动资本主义的发展，这是否意味着新教伦理的最高的世俗目的不是人，而是生产力？这种理论，与解放奴隶的目的在于解放被奴隶制所束缚的生产力，有什么本质的区别吗？历史必然性被说成主观能动性而已，人在这两个体系里，都是生产力历史发展的工具，不是目的。

比较而言，《道德经》显然以人为目的，或者更准确些说，人以自己为目的。这样的学说，或许不能为社会的发展提供爆发力，但也不至于引导社会自我爆破，就像两次世界大战那样。这种"万里逸步"的境界，让社会淡定从容一些，不是很好吗？

所以最近这些年，金融案件、马克斯·韦伯热，同时又提倡读《道德经》，挺有意思的。

第四十五章

大成若缺，其用不弊。大盈若冲，其用不穷。大直若屈，大巧若拙，大辩若讷。躁胜寒，静胜热，清静为天下正。

我见过一些书法家、篆刻家，喜欢在新刻的印章上敲个缺口，谓之"残缺美"。印章残缺何以为美？我不懂，只好猜。猜想中，大概以为残缺像古董，可以敲出些沧桑感。《道德经》也不排斥"缺"，不追求圆圆满满、滴水不漏的完美，但《道德经》的"缺"不是敲打出来的，老子大概也没有那种造假古董的兴趣，所以，所谓"大成若缺"，可以从两个角度来理解。

第一，在人类的观念中，世界这件造物主的作品，并不完美——交通这么拥堵，为什么就不能让人长出翅膀呢？夏日炎热，皮肤裸露，为什么就不能将蚊子的觅食时间安排在冬天呢？因为造化带有许许多多的"缺"，所以历来都有人怀疑，这世界当真是上帝创造的吗？上帝当真全知全能吗？如果不是全知全能，凭什么要大包大揽地创造世界？如果是，而创造的世界却又缺陷这么多，究竟是何居心？诸如此类的问题，往往会弄得创世论神学很尴尬。而《道德经》说，造化是自然的，是道生一，一生二，三生万物那样生出来的，与上帝没什么关系。既然造化与上帝无关，那就不要怨天尤人了，这些缺陷，没有一个责任主体，而每一个拥有灵明知觉的人，都应该尽些自己的义务，将世界建设得更完美。

第二，自然造化是个不间断的进程，无论什么时候，人们所面对的世界都在这个进程之中，有欠缺，不那么火候十足。但也唯其如此，所以才生生不息，动用无穷。如果世界被造化得尽善尽美了，增一寸太高，减一两太瘦，什么都不能再动了，这世界岂不是要寂灭？

将这样两个方面合起来说，自然造化也还走在路上，这条路通向完美，但看不到尽头，所以，不断向自然造化学习的人类，在追求完美的道路上也不要急躁，不要自以为掌握了绝对真理，自以为能设计出完美的图纸，就要求身边的一切人和事都按照自己的意愿，不折不扣地执行；不要取义太深，求治太切，苛求完美。完美是梦想，但不要让梦想演变成强迫症，多多参悟自然造化的大成若缺，大盈若冲，等等，从缺陷中寻找共同努力的方向，以谦和看待自身的发展，妥善协调以维护公正，以厚实的制度安排超越心智的机巧，用最朴实的语言唤醒共识，这样修身治国，将"不弊""不穷"，家国天下也就走上良性发展的正道。

第四十六章

天下有道，却走马以粪；天下无道，戎马生于郊。祸莫大于不知足，咎莫大于欲得。故知足之足，常足矣。

怎样判断我们生活在其中的天下究竟"有道"还是"无道"？《道德经》为我们确认了一个简单的标准——战争或者和平。和平的天下有道，战争的天下无道。这个标准，对于为了信仰或者价值观而开战的人来说，也太过简单了，难道就没有"圣战"吗？没有价值观之战吗？确实，不同文化背景的人，或许能就和平正义的议题达成基本共识，若要就战争的正义性问题展开对话，那么能够听到的，大概就只是严重的分歧了。

也许，没有关于战争正义的严重分歧，就没有大规模的人类战争。"动物世界"里，谁见过种族屠杀？谁见过一场战争席卷全球？谁见过持续数百年的"圣战"？谁又见过海陆空立体作战甚至空天战？战争的"正义"理由越充分、越复杂，战争的规模就越大、越惨烈。所以，就像存在的理由比存在本身更重要一样，战争的理由也比战争本身更重要，找个什么样的理由，就意味着准备打一场什么样的战争。

然而老子说出了这件皇帝的新衣——战争的终极理由，不外乎"不知足""欲得"。这个理由，比一切托词都更真实。真实的表现，包括精粗两种形态。粗浅的表现，就是争夺水、土地、矿藏等资源，这些都是"可欲"，而且"不知足"的；精细的表现，例如美国对内的战争说辞，是要捍卫美国的生活方式，而美国的生活方式，需要已知世界里一切够得着的物资，同样也是"可欲"，而且"不知足"的。

所以天下有道还是无道，战争还是和平，不要看那些理论上很光鲜的说辞，而要看人类怎样恰当地安顿自己的欲望。道家的主张，既不禁欲，也绝不纵欲，是个适欲主义的立场。比较而言，禁欲与纵欲虽然是两个极端，但"过犹不及"，在战争与和平的抉择上，可能会殊途同归，差别只在于禁欲者的战争是"圣战"，而纵欲者的战争是捍卫生活方式。至于道家的适欲主义，在根据环境条件适应性地满足本分欲望的意义上，也许是天下和平而有道的恰当的理论基础。

第四十七章

不出户，知天下。不窥牖，见天道。其出弥远，其知弥少。是以圣人不行而知，不见而名，不为而成。

小时候，母亲为了让我好好读书，就经常重复一句俗语，"秀才不出屋，能知天下事"。秀才识文断字，能掐会算，坐在家里就把天底下的事都给弄明白了，这对于一个天性懒惰的人来说，确实很有诱惑力。但那时候不知道，这个圈套是老子早就布好的。

当然，老子的圈套其实更大些，不是诱导人去读书学习，而是诱导人去思考。读书学习与思考，难道不是统一的吗？孔子说，"学而不思则罔，思而不学则殆"，边学习，边思考，外来的知识不断转化成自身的智慧，自身也就慢慢向圣贤看齐了。然而老子断言，"其出弥远，其知弥少"，对于提升智慧而言，不但读万卷书不管用，走万里路也同样不管用。

这就有些奇怪了，按照老子的思想逻辑，如果说读万卷书是接受"先王之教"，无意间丧失了许多自由精神、独立思考的机会，慢慢熬成个"书呆子"，那么走万里路应该就是向自然和社会学习，接受"不言之教"了，不正是老子刚才还提倡的吗？为什么又"其知弥少"了呢？这里面有蹊跷，不能不留意。

自然而然，只要留意就会发现，本章的宗旨是"知天下""见天道"。这样两句话，在修辞上对应互举，意思当然不是发挥识文断字、能掐会算的优势，努力地穷尽天下的信息，而是不断地排遣过去的经验、知识、观念等"偏见"，在内涵无限小而外延无限大的思维状态中，让偏见归零，同时让精神上的局碍也归零，从而捕捉住天下万物万象中普遍存在的"天道"共性。

如何捕捉、确认万物万象的普遍性或者共性？这对于中西方哲学来说都是一大难题。逻辑的演绎法解决不了这个难题，因为演绎法需要确立一个大前提，而一切前提，没有比万物万象的普遍性或共性更大的；归纳法也同样解决不了这个难题，因为万物万象不可穷尽，归纳就有缺口，以偏不能概全，普遍性或者共性就不能确立。于是在信仰上，我们需要至上神帮忙；在哲学上，我们只能预设有那样一种普遍性、共性存在，"字之曰道，强名曰大"，至于内涵，则不能确认比"无"更多的东西。

　　既然捕捉普遍性的题目如此艰难，迄今为止的全部文明史，实际上也只是在尝试，既未曾找到坚实无疑义的方法，更未能达成人类一致认同的结论，我们为什么还不放弃呢？这个问题看起来很朴素，但实际上把事情闹大了，因为所要追问的，是人类为什么需要哲学和宗教。于是，古今中外的哲学家、宗教家们，会无私地向我们提供千百种答案，其中包括老子。老子的答案是，为了"不行而知，不见而明，不为而成"，掌握了事物的普遍性，就像是开了天眼，理解力和判断力等，全都不受经验的局限。更重要的是，还有非凡的办事能力，不需要怎么拼命，事情就会像预期的那样成了。

　　这样，思辨的哲学就软着陆，到了实践的层面，而真正掌握的人大概会很受用。

第四十八章

为学日益，为道日损。损之又损，以至于无为。无为
而无不为。取天下常以无事，及其有事，不足以取天下。

关于无为政治的妙处，关于"取天下而为之"的政治拙
劣，我们在前面的章节里都曾经讨论过，这章虽然再次涉及，
但角度不同，如果深入理解，或许也能别开生面。

这章的角度，简言之就是讨论"为道日损"与"取天下"
的关系。

本来，《道德经》是不主张"取天下"的，这个基本立场，
在第二十九章中表述得很清楚，"将欲取天下而为之，吾见其
不得已。天下神器，不可为也。为者败之，执者失之"。重温
这第二十九章，可以说《道德经》为"取天下"所开出的，不
是药方，而是一张病危通知单，只要存心取天下、窃据神器，
那就离灭亡不远了。可本章却又说"取天下常以无事"，好像

"取天下"也是可以的。比较前后两章，可以发现问题的症结其实并不在于"取天下"，而在于如何取。如果"取天下"者从自身的欲望出发，刻意地"为之"，那么"取天下"的结果就必然很糟糕；反之，如果以无为无事的方式"取天下"，那么所取得的，就必然不是对于天下的统治权、控制权，"神器"依然还是"神器"，并未被谁窃据，所以结局完全是另外一番景象。

那么好吧，问题来了。既然无为无事，如何"取天下"呢？如果说"取天下"的意思只是维护天下作为一个社会生活的共同体，那么无为无事的方式能够奏效吗？

从字面上说，无为无事与取，是相互抵触的。要想取任何东西，哪怕只是从手边取一只茶杯，也不能无为无事，伸手就是为，移动杯子就是事，何况"取天下"呢？谋划、组织、厉兵秣马、阵前攻杀，千奇百怪的撕煎打吵，哪一项都少不了。而《道德经》说"取天下常以无事"，这里面必然有个天大的秘密，否则根本说不通。

当然，所谓"秘密"，总是相对于人的理解能力、发现能力而言的。一个秘密，不管隐藏得多么深，只要在人的理解和发现能力范围之内，就不可能长久成为秘密。站在这个角度看，人类有意隐藏的所有秘密，其实都是小秘密，都在人类自身的理解、发现能力范围之内，解密只是早晚的事情。而天地万物无所隐藏的秘密才是大秘密，而且这些大秘密，必须随着人类理解和发现能力的不断提升，才可能逐渐地被揭示出来。"取天下常以无事"就是这样的秘密，而揭示这个秘密的途径，是跨越式提升理解和发现能力的"为道日损"。

站在常识的角度看，"为道日损"是在知识上做减法，怎么反而能提升我们的理解和发现能力呢？大概正由于这个问题很古怪，所以学界曾冒出过一种观点，即所谓"道家反智论"，认为道家的"为道日损"与儒家的"为学日益"相对，儒家追求知识的日益增进，道家反过来，追求知识的日渐减损，减损到没有知识的状态，也就复归于蒙昧了，所以道家是反智的。围绕这个观点的争论，我们大概没必要再继续了，但对于儒道两家为学、为道的同异，却不能不有所思察——因为常识性的简单理解，很容易遮蔽道家追求普遍性的真意。

儒家为学，核心内容当然是"六艺"，礼乐射御书数，还有就是孔子以四教，文行忠信，不管怎么算吧，反正都属于具体的知识、德行和技能培训，都是个好好学习，天天向上的进路。

而道家的为道是一种思维训练，既没有具体的知识可传可受，也没有特殊的技能需要代培代训。而且，由于思维训练的目标是接近外延无限大而内涵无限小的"道"，所以在沉思什么是"道"的状态中，就需要排遣作为具体内涵的知识、经验、观念等。否则，"道"被这些零零碎碎的内涵所捆绑，外延无限大的特性就受到遮蔽，碎片化了。

如此说来，通过"为道日损"的思维训练，我们可以摆脱具体内涵的约束，从而大幅提升对于外延无限大之"道"的理解和发现能力。而"道"的外延既然无限大，当然就最具有普遍性。根据普遍性原则来建构社会共同体，"取天下"，那么所要建构的共同体模式就具有最广泛的适应性，建构的过程唤醒认同，消解抵触，按照所有人的意愿而非按照"我"的意愿来办事，那么"天下"依然是安顿所有人共同生活的"神器"，谁也不能窃为己有，那不正是人类梦寐以求的大同世界吗？所以，所谓"取天下常以无事"，说到底是还天下给天下之人。

合起来看，按照普遍性原则"取天下"，是四十七、四十八两章所要揭示的秘密。这个秘密中国古人很懂，现代西方人也很懂，所以在"全球化"格局日渐形成的进程中，西方人打出"普世主义"的旗子，捞到软实力的许多好处。而我们强调"特殊国情"的论述，实际上就将"普世主义"的桂冠拱手让出了，将"取天下"的机会也拱手让出了，令人扼腕。

第四十九章

圣人无常心，以百姓心为心。善者吾善之，不善者吾亦善之，德善。信者吾信之，不信者吾亦信之，德信。圣人在天下，歙歙①为天下浑其心，百姓皆注其耳目，圣人皆孩之。

《道德经》说，"圣人无常心，以百姓心为心"；儒家的《尚书》说，"天视自我民视，天听自我民听"。天是无心的圣人，圣人是有心的天。有心也好，无心也罢，天和圣人都遵循着同样的政治原则，都要将民或者百姓放在前面，这就是中国古代的"民本"主张。按照这个主张，国家活像一棵参天大树，老百姓就是树干，树干有多壮硕，国家大树就有多么强健、富含生机。

① 歙歙（xī），无知无欲。

按照现代政治学的一般看法，"民本"相对于奴隶制而言，是一个大踏步前进的主张，但相对于社会主义核心价值观所提倡的"民主"，却大段落后了，所以放在现代，是一个思想上很贫血的传统。何以见得落后？因为"民本"的潜台词，是君主"以民为本"，这意味着主权在君，而不在民，民的政治地位是被赋予的，不像主人，倒像客人——客居在君主制度下的人。

从逻辑上说，现代政治学的分析持之有故，言之成理，既符合逻辑的严谨、深入，不停留在大意上强调人民对于国家重要性的层面，而且能够解释一个让人大感悲催的事实——为什么作为中国思想主流的儒道两家都强调"民本"，但历史事实却总是尊官而抑民，人民除了创造财富以支撑国家大树之外，在政治上其实没有任何权力地位可言。对于这种历史性的理论和实践缺陷，我们除了正面面对，知耻而后勇之外，大概不会有其他的选择，一切深文周纳的自辩，都是多余的，只会将真实的问题遮掩起来。

但另一方面我们也必须意识到，在"民主"被列为社会主义核心价值的当代，怎样让"民主"观念成为我们秩序意识的有机组成部分，深入人心，让人人都能运用其中所包含的权力和责任，而不仅仅是一个被灌输的概念，在今天依然是个需要面对的问题。要彻底解决这个问题，或许应该像某些专家所企望的那样，从"民主"发凡的雅典城邦讲起，全民普及世界文明史知识。但事实上，这种想法很矫情，不仅在现实中行不通，做不到，而且即使做到了，也依然不过传播了一段知识，灌输了一个概念，不会因此与中国民众的生活经验就产生切实的关联。有时候，只要看看身边的一些学术界同事，虽然竭力呼吁民主自由，但对中国的民俗民情却深恶痛绝，就知道他们的民主自由，也还只是个整齐的概念、光鲜的模型，急着立"主"，但没有"民"。

这么说来，传统既贫血，灌输概念又行不通，我们活该绝望吗？这就取决于我们自己这些当代的"圣人"了。如果我们很急躁，要求明天早起就看见"民主"的太阳，轮廓和光芒等正如我们所设想的模式一样，老百姓也恰似我们所期待的，欢天喜地迎接这颗太阳，那可能就真的会绝望。反之，如果我们"圣人无常心，以百姓心为心"，将延续过去的、预设未来的一切不合乎民心的制度慢慢放下，请"圣人"们给民心腾挪出一些舞台，革制度之故，鼎民意之新，相信民心民意可以自主，"善者吾善之，不善者吾亦善之，德善。信者吾信之，不信者吾亦信之，德信"，那么我们就没有任何理由绝望。这条道路上的民主，也许舒缓而消极，但它不以牺牲自由为代价，不至遭遇自由意识的抵触，所以会走得稳，走得远。

据此来理解《道德经》所谓"圣人无常心"，大意也就是不抱持特定的主张、主义、主见，即使百姓都倾注全部的注意力来聆听圣人的"高论"，圣人也只是像孩童一样，无所措意，不求操控，给出精神空间，让每个人都找到自己。

第五十章

出生入死。生之徒十有三，死之徒十有三。人之生，动之死地，亦十有三。夫何故？以其生生之厚。盖闻善摄生者，陆行不遇兕虎，入军不被甲兵。兕无所投其角，虎无所措其爪，兵无所容其刃。夫何故？以其无死地。

这章是《道德经》里最难弄的章节之一，所以历代注家的分歧很大，单一句"十有三"，就传下来两种完全不同的解读。一种是韩非子的《解老》、河上公的《道德经章句》等，认为"十有三"就是十加三，人体的上七窍下二窍加上四肢，刚好十三，是决定生死的关键。另一种解读以王弼的《老子注》为代表，认为"十有三"就是"十分有三分"，十分之三。一套深邃的哲学，却搞不定这么简单的数字，也算是文化上的奇观了。

既然看法相左，那么站在任何一方看过去，都会认为对方的解释说不通。如站在"十三"的角度看"十分之三",三个"十有三"加起来等于十分之九,还剩十分之一呢?哪里去了?还有,"生之徒十有三,死之徒十有三",是说求生的人占总人口的十分之三,找死的人也占总人口的十分之三吗?这叫什么话?所以十分之三的解释说不通。道教界的老前辈陈撄宁先生,写过一篇《<老子>第五十章研究》,就曾提出诸如此类的诘问。

而站在"十分之三"的立场上看,"十三"也有问题。如果说四肢九窍是人体与外界接触的器官,因此决定着生死,那么"人之生,动之死地十有三"又如何解释?是说四肢九窍动起来就会走向死亡吗?这好像是对的,可要是四肢九窍全都不动呢?不是直接就死掉了吗?可见"十三"也不通,说不过去。

历史上流传下来的这样两种解释,都不圆满,但我们也没有其他更好的解释框架,所以只能择一而从。两相比较,我倾向于选择"十分之三",因为这种解释不那么生拗,而且整体上也更符合《道德经》的思想逻辑。

《道德经》的思想逻辑从"出生入死"开始。但"生"从哪里出?"死"又入到哪里去?《道德经》不耐烦详说,都省略简化了,需要我们自己予以补充。怎么补充?四肢九窍的说法是《道德经》本身所没有的,强行补进去,未免生拗,而按照《道德经》的叙述,万物出生入死,本来就有那么一道门户,也就是第六章所说的"玄牝之门，是谓天地根"，意指万物生生不息的化机。用"玄牝之门"的化机来补充"出生入死"，则所谓"出生入死"就很好理解了，意即从"玄牝之门"的化机中出来，呈现为特殊的个体生命，是"生"；重新进入"玄牝之门"，复归于化机，而特殊的个体生命消逝，是"死"。生与死是个体生命进出化机之门的两极标志，援用《庄子》的语言来表述，就是"方生方死"，一个个体生命出生了，相应的化机就死了；反之亦然。但这样的两极，只是生死转换的完成标志，并不是突然发生的，而是一个此消彼长、相互交替的过程。在现代，这个过程有一个标准的名称，叫"新陈代谢"，几乎对所有人来说都已经是一种常识了，无须赘述。值得强调的一点是，个体生命的生死，是自然化机的新陈代谢，正如体内细胞的生死是个体生命的新陈代谢一样。

按照这样的理解，则所谓"摄生""养生"云云，实际上就是要延长新陈代谢的过程，过程越长，生命就越长。如何延长呢？有些人为了健康长寿，摄入大量的营养品、保健品；又听说哪些山珍海味可以滋补，就千方百计弄上自己的餐桌；结果补成"三高"，又必须吃药打针动手术，自然的新陈代谢全都紊乱了，"富贵病"患者们就只好相互同情。看看近些年人们滋补出的毛病，再想想老子说过的话，"人之生，动之死地十有三。夫何故？以其生生之厚"，好像老子对我们的时代做过望闻问切的考察，而且诊断奇准。

诊断是准了，那么处方呢？《道德经》的处方大概可以分两层来理解。一是保持"生之徒十有三，死之徒十有三"的新陈代谢节奏，要与自然大化的化机维持等值交换，能还回去多少，就摄取多少，不要像现在的养生风潮那样，先是暴饮暴食，脑满肠肥，然后又去找地方"辟谷"，因为对自己的身体太在意，结果就弄出一轮又一轮的瞎折腾。二是"陆行不遇兕虎，入军不被甲兵"，要知道天地间万物，都有其合理的生存空间和生存方式，不侵入犀牛、老虎的地盘，不在犀牛、老虎饥饿时挑衅，尊重万物的生存空间和生存方式，也就规避了以战争为极致的冲突，规避了可能受到的伤害，安享天年。

按照"十分之三"的思路来解读，还剩下一个问题，即《道德经》没说的那十分之一到哪里去了？是怎么回事？这个问题古人已经绞尽脑汁想出来了，就不麻烦我们自己费尽功夫吧。北宋苏辙《老子解》说，"生死之道，以十言之，三者各居其三矣，岂非生死之道九，而不生不死之道一而已乎？《老子》言其九，不言其一，使人自得之，以寄无思无为之妙"。简单点说，剩下的那十分之一哪里都没去，那是一切生命与"玄牝之门"之间不可改变的联系。如果按照道教的教义来理解，也就是一切生命所秉受的"一点元阳"，是生命之所以会发生、会进入生死流程的原动力。个体生命尽管都是短暂的，但又都承载着这永恒的"一点元阳"，所以我们要意识到，我们从来就未曾离开过"玄牝之门"的化机，我们肉体和精神意志的独立，永远都只能是相对的。而追求绝对，很可能就是"动之死地"的开始。

第五十一章

道生之，德畜之，物形之，势成之。是以万物莫不尊道而贵德。道之尊，德之贵，夫莫之命而常自然。故道生之，德畜之，长之育之，成之熟之，养之覆之。生而不有，为而不恃，长而不宰，是谓玄德。

人与人之间，以某些知识或某项能力相比，会觉得差很多，但也有某些知识，看起来人人都差不多，例如对生命如何延续的问题，就几乎所有的成年人都同样明白。农民按时节播下种子，到时候就会开花结果；男人女人结婚了，过些时候就会生出男孩女孩；所以在我们的感觉中，延续生命是一件很明白、很简单的事。然而科学家说，要想采用科技的手段，在实验室里从培植有机物开始，创造出一个像你我他这样的"人"，不仅需要综合人类已有的全部学科的知识，而且初步的成本估算就需要花费整个地球。如果考虑到人的灵性悟性等不确定因素，单一个地球兴许还不够，月亮也要挂牌销售，以预备后续资金。

从人人都明白的延续生命，到人人都不能彻底整明白的创造生命，这中间的知识和能力的差距有多大？数学上有个"无限集"的概念，用在这里大概正合适。造物者创造生命，而人类只需要延续生命，造物者对人类的恩惠有多大？同样也是个"无限集"的概念。这份恩惠，科技昌明的现代人能懂，草昧初创的古代人也同样能懂，所以人类感恩、敬畏、信仰。《道德经》这一章所讲的，就是造物者的恩惠。

造物者不仅仅创造出中国人，还创造出许多其他民族的人。中国人感恩，其他民族的人同样也感恩，但感恩的方式不尽相同，于是有形态各异的宗教教派。而感恩的方式之所以不同，是因为关于造物者的猜想不同。在某些民族的猜想中，造物者同时也是经营者，创造出人类之后，不是顺任其自由发展，而是将人类的思想和行为，交给一个称作"教会"的组织去管理，造物者自己则保留最终结算的权力，名为"末日审判"。

而《道德经》的造物者好清静无为，"生而不有，为而不恃，长而不宰"，虽然对万物有造化的恩惠、功德，但不想开办那样一家"全宇宙有限责任公司"，所以造物者的恩德称为"玄德"，只是创造，不打算占有，不谋求回报，不试图操控。大概由于《道德经》的造物者，是真正绝对的、唯一的，没有

"撒旦"之类的对头明里暗里搞竞争，所以能放开手脚，坦然地让万物自治。

当然，自治不等于任性、乱来，"道生之，德畜之，物形之，势成之"，规矩方圆是一定有的，只是这个规矩方圆并非出于某个神或者人的刻意安排，而是从"道生"开始，自然形成的。道生万物，形态、形状千差万别，却又刚好存在于同一个世界里，于是免不了"长短相形，高下相倾"，等等，物质世界就形成各自的"形"和互动的"势"。在这个物各自"形"而互动成"势"的宇宙里，"道"是推动万物化生的原初动力，"德"是容纳万物自治的大道品性。因为具备这样的品性，所以受了恩惠的万物众生，大可不必给他封一个"上帝"之类的爵位。封爵位显然是把双刃剑，一方面捧上神坛，另一方面也禁锢在神坛之上，封禁或解除的解释权，都掌握在加封者的手中，以至"教会"CEO成了"上帝"的代言人。而"道"是不可封的，无论封爵还是封闭。所以《庄子·齐物论》说，"夫道，未始有封"。

第五十二章

　　天下有始，以为天下母。既得其母，以知其子；既知其子，复守其母，没身不殆。塞其兑，闭其门，终身不勤。开其兑，济其事，终身不救。见小曰明，守柔曰强。用其光，复归其明，无遗身殃，是谓习常。

　　本章内容，如果换一个专心养生的人来讲，也许能讲出许许多多的神秘体验，如道教史上的内修派、内丹家，以心与肾、神与气精为母子，以握固、回津诸方术为知子守母，言者与闻者一心精诚，两体印证，有许多神秘的体验，据说不足为外人道。

　　而从哲学的角度来研读本章，就很枯燥，也很麻烦。但这也是无可奈何的事，因为神秘的体验不具有普遍性，不能作为公共话题，而且体验本身也还需要有一个清晰的道理，否则恍惚迷离之间，既没有客观的验证标准，就不便坦率地撩开其神秘面纱，究竟是真人还是假货，很难辨别。所以，尽管枯燥些，麻烦些，也还是应该从哲学的角度来讲讲本章的大意。

就大意而言，本章与前两章都有关联。第五十章讲生死之数，十言其九，存一不议，有些像《易经》筮法的挂一不用，也就是《周易·系辞》所说的，"大衍之数五十，其用四十有九"，都留了个寂然不动的"一"，以象征生生不息的本元之体。这个不议不用的"一"，在实践或应用层面就指向本章所说的"守母"。第五十一章讲"道生"的造化之恩，讲"生而不有"的"玄德"，在实践或应用层面也同样指向本章所说的知子守母。

所谓守母，当然是一种比喻，意指天下万物的生生之始。本来，就《道德经》自身而言，采用这样的比喻是恰当的，因为《道德经》将世界看作一个不断生成的整体，既然是"生"，就必有其母。然而，要是按照最简单的常识常情来推度，这个比喻又可能会让人费解。按照常识常情，天地间的许多事物都可以是复数，有千千万万，但父亲和母亲却只能各有一个，都是唯一的，母亲的母亲虽然也是母亲，但那已经是"别人"的母亲了。既然母亲唯一不二，那么《道德经》采用知子守母的比喻，在理论上就有一个推阐什么是"母"的难点——如果这个"母"是万物的始祖，那就与"我"相距遥远，怎么个守法？如果这个"母"像母亲一样，是"我"的生身之本，她又如何具有生生不息的永恒意义？如果没有这样的意义，所谓

"守母"也就是日用伦常之孝道，所谓"父母在，不远行"吧，谈不到"袭常"的形而上层面。因为比喻性的理论叙述，在逻辑上必然会被挑剔出这样那样的纠缠，所以《道德经》讲节欲养生的实践，选择从"天下有始"说起，以强调这个"母"既是万物的始祖，又与每个人构成对应的母子关系。只是在文法上，表现得很"八股"，至少像"八股文"一样，要用一句"夫人生乎天地之间"的宏大叙事来破题，差别在于"八股文"的宏大叙事是虚文拔高的套路，而《道德经》则出于理论叙述的逻辑需要。

推阐什么是"母"，也就是追溯天地万物的生生之始。而追溯生生之始又必须率先追问另外一个问题：天地万物有那样一个"始"吗？围绕这个问题，我们不妨先听听《庄子·齐物论》的一段思辨，然后再看看假设有这样一个"始"的思想意义。《庄子·齐物论》说，"有始也者，有未始有始也者，有未始有夫未始有始也者。有有也者，有无也者，有未始有无也者，有未始有夫未始有无也者。俄而有无矣，而未知有无之果孰有孰无也"。应该相信，哲学家原则上是不绕口令的，如果哲学家确实绕了口令，那就应该叫作思辨。按照庄子的思辨，天地万物必然有一个发生学意义上的开始，至于这个开始究竟发生了什么，姑且不枉揣测，是个"未知有无之果孰有孰无"的状态，但在纯粹时间的意义上，必有一个从"未始"到"有始"的开端。思辨中的"未始有始""未始有夫未始有始"云云，用意都在于描述"有始"之前的状态，以凸显"有始"这个作为时间开端的点。何以见得天地万物不只是永恒的物质在不断改变其存在形态，而必然有一个发生之始，有一个开端呢？庄子没有给出更多的理由，只是说"俄而有无矣"，意即忽然就有了那样的"有无"，作为天地万物的开端。事实上，围绕宇宙必然有个开端的问题，不仅庄子不能，其他哲学家也同样不能给出一个纯粹逻辑的理由，充其量也只能像康德那样，推导出一个时间有开端与时间无开端的"二律背反"，所以从本质上说，所谓开端只是一个逻辑上可以理解的假设。其意义，不在于通过假设能够让我们获得关于宇宙的更多知识，而在于奠定了理解宇宙或天地万物的一种思路，即哲学上的"生成本元论"。

本元论与本体论相映成趣。本体论不在意天地万物有没有一个"元"，当然也不在意那个"元"究竟是什么或者怎么样，对于本体论来说，真正有意义的理智挑战，是揭示出现象背后的存在依据和真相，那才是决定现象世界如何映现出来的"本体"。当然，不同哲学流派的"本体"内涵，可能会有巨大的差别，如西方哲学的绝对实体、绝对精神，佛教的真如以及印度教的如如等，内涵当然不能混为一谈，但将本体与现象对应起来的运思理路，却大体是一致的。

本元论当然也要关注现象，也认为现象并非圆满俱足，自在自为，现象的呈现还有其更根本的原因。但本元论的运思理路，不是设定一个本体与现象对应起来，像照镜子那样，通过对照去鉴别是非圆缺，而是从来源上、种根上寻找现象的原因，所以比较而言，本元论少了些分析、综合等逻辑理性，但富于历史感，能够通过正本清源的思维努力，在寻根式的反思中找出现象的前因后果。

按照生成本元论的思路，"我"作为一个现象的存在，不是孤立或者独立的。之所以说不孤立，是因为"我"是本元生生不息的链条中的一环；之所以说不独立，是因为"我"的出生，"我"之成其为"我"，不是由"我"的意志选择的。这样从"我"的成因上来看，无论是肉体生命还是精神意志，最初都脱胎于生成本元，所以喻之为"母"。也正是在这个意义上，五代时的彭晓作《周易参同契分章通真义》，径称生成本元为"真父母"。从这里我们也可以关注到道家哲学的一个基本观念，即生成本元并不仅仅是宇宙发生时的第一推动力，还是万物生生不息的永恒推动力。"我"的出生受这个力推动，"我"的生存和生活同样受这个力的推动，所以就生命的全过程而言，生成本元是始终伴随的"母"，根本就没有剪断脐带的时候。在这个意义上来理解知子守母，是否就不那么神秘而且费解了？

所谓"塞其兑，闭其门"，指的是节嗜欲，守纯素。知子守母与这种节欲的生活有什么关系呢？《道德经》说"见小曰明，守弱曰强"，《庄子·大宗师》说"其嗜欲深者，其天机浅"。见小之明也就是发现生成本元与自身的关联，即所谓"得其母"，"知其子"，是对于"我"与生成本元之间微妙关系的体察；"守弱"也就是守护生生不息的本元。而纵欲者缺乏这样的见小之明，天机浅，不能遵循常道以接续生生不息的本元，所以生命之火燃烧得旺，也消耗得快。

所以道家的生活态度，清淡、从容。

第五十三章

使我介然有知，行于大道，唯施是畏。大道甚夷，而民好径。朝甚除，田甚芜，仓甚虚；服文彩，带利剑，厌饮食，财货有余；是谓盗夸。非道也哉！

轮到第五十三章，该骂的人和事，老子都骂过了，开心一乐就行。只是"唯施是畏"一句，有些意犹未尽，要再发挥一下才过瘾。

按理说，圣人之成其为圣人，一个重要的表现就是以先知觉后知，以先觉觉后觉。因为有圣人走在前面，为人类的灵智开路，所以人类作为一个种群才进步得快。老子既然是大彻大悟的先知，参透了天道人道，为什么就不愿积极传播自己的思想，反而要"唯施是畏"呢？连寻常百姓都明白，和我们想法相同的人越多，我们生活的成本就越小，生活的空间就越大，这个道理，老子不明白吗？还是敝帚自珍的观念意识太强烈，因此太过保守了？

那么简单的道理，老子不会不明白，否则就不会有《道德经》的思想体系，要为所有人以至天地万物找到一个合适的相处之道，从而将生活成本降到最小，让生活空间扩展到最大；保守也不至于，否则，就算关令尹喜再怎么磨叽，硬拽着老子"强为我著书"，老子也可以抱着遁世无闷的心情，一笑而过。所以，"唯施是畏"里面，一定有什么蹊跷。

从字面上理解，"施"就是将自己拥有的东西用出去、散布出去，怎么说都是件让人很快乐、很畅快的事。例如你遇到一个需要帮助的人，要帮的事情刚好是你力所能及的；又假如你很富有，可以帮助很多人，那就多做慈善，施舍、施与吧，道义的崇高感会油然而生，财富的意义会转化成你的人生意义。如果你有权力，又刚好得了个自以为是的主意，大概就要施政、施法了，那种自我意志在权力机器里被放大的感觉，或许比迷幻药更让人飘飘然，所以有些人当官很上瘾。如果你是思想家，想出了某个关于社会、人生的构想，自我感觉良好，那就会想象着怎么施设、施行，那种小我变大我的魔术，会让你找到超凡入圣的魔幻感。然而老子说，"唯施是畏"，由这些"施"所带来的，不一定都是快乐，所以要慎之又慎。为什么？

孔子说，"己所不欲，勿施于人"。这句格言，千百年来的中国人都耳熟能详，最近这些年，又被尊奉为"全球伦理"的"黄金律"，可见这个道理，古今中外是相通的。道理不复杂，也不深奥，就是推己及人，对他人多一份设身处地的同情理解，远比一厢情愿的意志扩张更符合公理。老子比孔子更进一步，尽管老子也曾经说过，"乐予饵，过客止"，对于慈善行为是赞赏的，与孔子"仁者爱人"同一情怀，但对于运用权力或思想将自我意志施加于社会和他人的行为，老子则保持着更高的警觉。因为老子发现，我们所看到的各种不良行为，如"朝甚除，田甚芜，仓甚虚；服文彩，带利剑，厌饮食，财货有余"，等等，正是某些人将自我意志施加给社会的结果。

现在的我们更明白，对于一切施行、施加之所以要慎之又慎，是因为这些"施"都会干预他人的自由。干预自由，在中国古代叫作"有违天和"，现代的说法就是破坏公平正义。所以"唯施是畏"这句话，应该被作为官员和社会公众人物的座右铭。

第五十四章

善建者不拔，善抱者不脱，子孙祭祀不辍。

修之于身，其德乃真。修之于家，其德乃余。修之于乡，其德乃长。修之于国，其德乃丰。修之于天下，其德乃普。

故以身观身，以家观家，以乡观乡，以国观国，以天下观天下。吾何以知天下然哉？以此。

所谓"善建者不拔"，与第二十七章的"善结无绳约而不可解"云云，句式很类似。从二十七到五十四，数目翻了一倍，话题又转回来了。这很有趣，难道《道德经》里真的有个什么密码？喜好猎奇的读者，不妨探索一二。

一如第二十七章，"善建者不拔"当然也还是比喻，而且同样没有挤兑技术的意思，只是拿技术来做个比喻：有心而为之的技术再好，也会有破解的技术与之相对，而"善建者""善抱者"是没有破解技术与之相对的。这样的比喻，究竟要说明什么呢？从后文"修之于身""修之于天下"来看，所要说明的，就是家国天下之事。根据这个事项主题来理解开篇的比喻，所谓"善建"也就是建立国家、建立政权，所谓"善抱"也就是保卫国家、保卫政权了。妥善地干好"建"和"抱"这两件事，国家和政权得以延续，子子孙孙香火不断，国家就走上了一条长治久安的可持续发展道路。

这样的前景确实很好，可是怎么样才能够做到"善建""善抱"呢？老子编了个程序，从"修之于身"开始，到"修之于天下"完成，循序渐进，看起来操作性很强。这个程序，与儒家《大学》里的修身、齐家、治国、平天下，似乎若合符节，《道德经》只是多了"乡"这样一个社会结构的环节。如果考虑到《道德经》的问世时间比《大学》早，或许也会认为二者之间有源流关系。不过，《大学》的修齐治平，是从个人的修养、家庭的伦理走向治国平天下的政治，而《道德经》则一"修"到底，没有那种个人修好了就去搞政治的打算，而是说修到天下同德的普世水平，就已经是良善的政治了，政治不应该是脱离道德伦理的另外一个东西。

当然，《大学》里也说，"自天子以至于庶人，壹是皆以修身为本"。修身为本是儒道两家共同的出发点，但《大学》的修身有其具体内涵，即格物致知、正心诚意。而《道德经》只是说，"修之身，其德乃真"，对于什么是德，要从真实的感受开始，不能玩概念、来假的。换言之，真实是德的最本质属性。感受到了德的真实属性，是采取以点带面的方式向家庭、乡里、国家、天下推广自己的感受，还是将自己的感受放到家庭以至天下的大格局里去验证？儒家选择的，大概是前一条路线，而道家选择的是后一条路线。

按照道家的路线，如果个人所感受到的德能够得到家庭或者家族的验证，那就表明这个德还有余裕，不那么逼仄；如果放到乡里也能得到验证，那就表明这个德可以延伸，不那么短促；如果放到一国里还能得到验证，那就表明这个德是丰富的，不那么局碍；如果放到全天下里仍然能够得到验证，那就表明这个德是普世的，与天下所指称的全社会共同体具有适应性。正因为有这样一个普世适应性的德，所以才会有"天下"那样一个概念，"吾何以知天下然哉？以此"。否则，人与人有许多不同，地域与地域有许多不同，每个人、每个地域都是自带着许多"特殊情况"的，"天下"概念从何而来？

追求普世性，无疑是道家的精神方向，但普世性里究竟包裹了什么样的思想内涵呢？《庄子·逍遥游》讲了个斥鷃嘲笑鲲鹏的故事，好像很委婉，但接着未能憋住劲，泄露了委婉故事的真实指意，"夫知效一官，行比一乡，德合一君而征一国者，其自视也，亦若此矣"。不理解普世性的官员像斥鷃一样，注定是要嘲笑鲲鹏的，鲲鹏一飞必须九万里，不能在树丛里穿梭，不接地气，所以斥鷃要质疑鲲鹏，"彼且奚适也？"而鲲鹏所象征的道家普世性，真实内涵就是为了两个字——逍遥。

第五十五章

含德之厚，比于赤子。蜂虿虺蛇不螫，猛兽不据，攫鸟不搏。骨弱筋柔而握固，未知牝牡之合而朘作，精之至也。终日号而不嗄①，和之至也。知和曰常，知常曰明。益生曰祥，心使气曰强。物壮则老，谓之不道，不道早已。

身体要蕴精养和才会健康，健康的人精力充沛，心气平和，而精气神枯竭的人，力不从心时就焦躁，疾病缠身时就苦恼。这个关于健康的道理，大概人人都明白。但怎么样才能够蕴精养和呢？这就不一定人人都明白了，至少不是人人都像老子那样明白。所以老子大发慈悲，介绍一些他关于赤子的有趣发现。

---

① 号（háo），大声哭；嗄（shà），声音嘶哑。

赤子也就是从精神到肉体都没有什么遮掩的婴儿。婴儿的筋骨超柔弱，但握着的手却很牢固；婴儿也不懂男女之事，但阴茎时不时就挺着；婴儿还整天哭叫，但嗓子绝不会嘶哑。这些现象，母亲们很熟悉，护士们很熟悉，其他人大概也还算熟悉，其中有什么趣味？包含了什么样"含德之厚"的道理？

俗话说，不怕不识货，就怕货比货。成年人中，有些人太热心于男女之事了，食补、药补，还有许许多多的秘方、偏方，听说的食材和药材都补过了，能找到的秘方偏方也都试遍了，结果却发现越来越不管用。也有些人喜欢吆五喝六，摆出一副动员部众的样子，总觉得自己的主义就是真理，动辄咆哮、训斥，直到干涩了，嘶哑了，才能够让他的主义也歇歇。

成年人为什么要活得那么使劲，为什么就不能像婴儿一样蕴精养和呢？因为成年人的想法比头发还多，"心使气曰强"。先是使劲地想，然后使劲去造。有想法和作为当然没什么不好，但如果从一开始的想法就出于私欲小智，进一步的使劲又出于个人的意气，强盛的自我期许全靠壮阳药、兴奋剂、意识根支撑着，那么除了"物壮则老"，还会有什么其他的结果？

所以老子总结说，真正的"和"不是不雄起，不是不号叫，而是不要"心使气"，不要从一个别有用心的地方出发，又强努着自己去实现这个别有用心。

第五十六章

知者不言，言者不知。塞其兑，闭其门；挫其锐，解其纷；和其光，同其尘，是谓玄同。故不可得而亲，不可得而疏；不可得而利，不可得而害；不可得而贵，不可得而贱。故为天下贵。

本章出产的一句格言——和光同尘，被许多人奉为座右铭。如果大家都践行这个座右铭，那状态当然很好，毕竟都生活在同一个社会共同体里面嘛，就应该尊重他人的存在，何必飞扬跋扈、锋芒毕露呢？弄得人与人之间剑拔弩张，弄得全社会都被笼罩在斗争哲学的刀光剑影之下。

由个人奉行和光同尘的格言，到大家一起和光同尘，这话题就有些意思了。按理说，某个人想要和光同尘，必定是先有光，而且与尘俗有些距离。磨砂玻璃和有色透明板都能发挥"和光"的作用，但必须先有那样一个耀眼的光源，作用才能够发挥出来，那么个人要和光的光源是什么呢？用来和光的磨砂玻璃或有色透明板又是什么呢？同尘的道理也一样，如果只是个凡人，本来就混迹尘世，干吗还要拿这么句格言来嘱咐自己呢？高调都是装给别人看的，难不成还要装给自己看？所以思想文化上的事情，总有许多有趣的地方，值得玩味。

从字面上来理解《道德经》的大意，最应该和光同尘的，也许是"知者不言"里的知者。所知何事？当然是道。知道却不多言，那就与尘世和同了，道就是知者耀眼的光源，知者与尘俗的距离。可要是继续追问，又会发现这样的理解不大对劲，在道家的思想里，真有那样一个完全掌握什么是"道"的知者吗？在《道德经》里，我们显然找不出这样的知者，因为《道德经》反复告诫我们，不要以为对于"道"可以有终极之知。《庄子·知北游》为了说明世上没有这样的知者，还专门编撰了一段寓言——泰清问无穷：你知道吗？无穷说：我不知。又跑去问无为，无为说：我知道。又问：你所知的道，有什么含义吗？无穷说：我所知的道，可以贵，也可以贱；可以集约，也可以散漫。泰清拿这事问无始说：无穷不知道而无为知道，哪个才对？无始说：自以为不知的理解很深，自以为知道的理解很浅；不知的已深入道的里面，而以为知道的还在道的外面。

显而易见，如果当真进入道的里面，那么知识和语言就全都无效了，因为知识和语言是用来分辨感性世界各种事物的，而道是万物合理性的总根源，没有感性世界的种种分辨。这么说来，最应该也是最需要和光同尘的人，其实不是本来就不存在的知道者，而是我们这些寻常人，当然还有那些疑似知道者。寻常人各有各的性情，那就是各人自带的生命之光，也各个带着不能与社会完全吻合的个性。至于疑似知道者，还多带了些主见、主义、模拟体系的意识形态，等等。所有这些人集体性地和光同尘，那就意味着第一，所有人都能发出自己的光；第二，所有个人的光都应该与整体的光相和，不能特别刺眼，这也就是从特殊性升华到普遍性的"玄同"，而引导相和的磨砂玻璃，就是这个追求"玄同"的自我意识。这样一个人各自我而整体"玄同"的境界，是不是很有些现代政治学所谓"公民社会"的味道？在这个意义上，所谓和光同尘应该理解为生存权利和生存意志的自立并且自律。唯其自立并且自律，所以既不可被拉入某个阵营而"亲"，也不可被排斥而"疏"；既不可被安排获利，也不可被设局陷害；既不可因恩宠而富贵，也不可遭贬抑而贫贱。当这些权力游戏的道具全都失效后，一切和光同尘的人就都"为天下贵"，活得有尊严。

第五十七章

以正治国，以奇用兵，以无事取天下。吾何以知其然哉？以此：天下多忌讳，而民弥贫；民多利器，国家滋昏；人多伎巧，奇物滋起；法令滋彰，盗贼多有。故圣人云：我无为而民自化，我好静而民自正，我无事而民自富，我无欲而民自朴。

本章总算明明白白地分清了一些重要的概念，取天下与治理国家或带兵打仗，全都不是一回事，各有各的方式方法。

在老子的时代——现代其实也一样，相对于取天下而言，治国只能算作区域治理。从老子的时代到现代，国和天下的范围差不多是按同比例扩张了，那时候的大国小国，相当于现在的省、县甚至乡，而那时候的天下，差不多就是现在的中国。国和天下的范围按比例放大了，但道理依然还是那个道理，依然不能将三件事混为一谈，尤其不能用错了方法。

治国为什么必须要"正"？这大概要从"国"的性质上来理解。在老子生活的春秋时代，名义上奉周天子为宗主的华夏大地，称之为"天下"，而"国"则专指诸侯的领地。大致而言，诸侯国都是由不同的氏族发展而来的，那时候的许多诸侯国就是后来的百家姓，可以很简单地证明这一点。既然由氏族发展而来，那么诸侯国内部就不仅拥有共同的血缘，而且在敬天法祖的意义上，还拥有共同的信仰，是一个信仰共同体。治理信仰共同体，意味着社会本身已经有了那样一个集体默认的崇高原则，有了那样一种广泛的秩序意识，所以治理成本是很小的，只要信守祖先留下的合适规矩就行了，用不着挖空心思去折腾。反之，如果采取带兵打仗的方法去治国，国家就不是一个能让人从容生活的地方，有事没事都会内斗，正义不彰，暴戾和诡计横行，社会被阵营、阶级的划分所撕裂，人人自危，处处不安。所以《道德经》说，"人多利器，国家滋昏"，"法令滋彰，盗贼多有"。如果一个国家的国民都去钻研斗争的工具，都去琢磨与天斗、与人斗，那还有什么法令能够安排并且维护公共秩序呢？"天下大乱"是必然的，"天下大治"却未必。

反过来看，采用治国、取天下的方法带兵打仗，同样也行不通。道理很简单，治国、取天下是求同存异的系统工程，而战争是对抗的游戏，所以"兵者诡道"，方式方法是由对抗的格局所决定的。尽管从终极目标上说，"止戈为武"，但要有效地止戈，制止暴力，就必须想尽方法用最小的代价取得最大的效果，所以奇计奇谋是恰当的。

比"以奇用兵"更有思想趣味的，应该是"以无事取天下"。有趣之处主要在两方面：第一，"天下"作为无远弗届的社会共同体，是人类历史的必然方向；第二，"无事"作为从容唤醒人类共同体意识的方式方法，是生成"天下"共同体的必然选择。

何以见得"天下"共同体是必然方向？第五十四章讲到"修之于天下，其德乃普"，第五十六章又讲到"玄同"，在理论上《道德经》已经阐明，一个具有普世意义的德，是化解各种社会纷争的无上法宝，而普世之德的现实对应物，就是"天下"共同体，所以主张"小国寡民"的《道德经》，要屡屡畅叙"天下"，要将"天下"这个全人类最安全的生存策略讲清楚，讲明白。

继而从历史的角度看，自从公元前七世纪齐桓公"九合诸侯，一匡天下"之后，春秋战国时代所有的政治和军事行为，都可以说是围绕"一匡天下"这个终极目的而展开的。尽管按照《道德经》的理论，推动这个历史进程的人大都选错了方法，例如儒家，大概主张按照"以正治国"的方法去统一天下，而五霸七雄则更相信军事手段，但他们在有意无意之间，又都朝着同一个正确的方向，至少是行为上都反映出走向"天下"共同体的历史大趋势，不仅齐鲁等宗周旧邦都怀着"天下"意识,而且秦楚吴越等相继崛起的诸侯国,也同样竭力挤进"天下"里。所以从春秋战国开始,"合久必分,分久必合"的中国历史,本质上以合为历史大方向,以分为调整其合一模式的阶段性进程。至于现代世界流行的各种"盟"、联合国、全球化等,也像春秋战国一样,昭示出"天下"共同体是人类社会必然要抵达的一个驿站。

何以见得"天下"共同体是打不出来的,而必然要以"无事"的方式自然生成?这个问题的答案,在第二十九章已经有了,"将欲取天下而为之,吾见其不得已。天下神器,不可为也。为者败之,执者失之"。"天下"作为安顿天下人共同生活的"神器",应该具有氏族国家的一个基本特性,即信仰共同体,而信仰共同体是用枪杆子打不出来的。本章又补充了另一项重要的观察,"天下多忌讳,而民弥贫"。因为眼前的这个"天下",实际上是通过"以奇用兵"的方式方法建构起来的,政治、经济、法律、伦理等一切秩序,都是战胜者按照自身的利益需要私人订制的,所以设定了许多思想和行为的禁区,划出了许多切割利益的红线,这就是在社会生活尤其是政治生活中普遍存在的忌讳。也正由于忌讳太多,给民众剩下的利益蛋糕几乎不足以果腹,创造力又被层层束缚住,所以民众穷愁潦倒,这个"天下"也就不是安顿天下人共同生活的"神器",而是充斥着各种忌讳的古堡。这样的历史事实,从反面证明取天下必然也必须是无事的,否则就不是取天下,而是打碎"天下"在天下人心目中的神圣光环，摧毁天下人对于"天下"的共同信仰，让"天下"概念演变成一个发动战争的魔咒。

按照《道德经》"其德乃普""玄同"的理路，"天下"共同体是必然的方向，"以无事取天下"是可能的途径。理解必然性，把握可能性，是顺应大历史的先行者标志。

第五十八章

其政闷闷，其民淳淳；其政察察，其民缺缺。祸兮福之所倚，福兮祸之所伏。孰知其极？其无正？正复为奇，善复为妖。人之迷，其日固久。是以圣人方而不割，廉而不刿，直而不肆，光而不耀。

不知别人感觉如何，我读《道德经》的时候常有一种疑惑，为什么政治话题这么多？是由于老子要做帝王师，所以《道德经》就写成了"君人南面之术"？还是由于政治问题才是我们社会生活中的最大问题，做工种地我们都能干得很好，就是政治弄不好，所以久病成医，我们这个民族的精英都成了政治的业余医生？想不明白。

根据老子的观察，一种政治常见病的病根，是不明白政治意志的彰显程度与民众的幸福指数呈现为反变关系，即政治彰显的程度越低，民众的幸福指数就越高；反之，政治彰显的程度越高，民众的幸福指数就越低。这种反变关系就像祸与福，是相互潜伏着的，当政治表现得很张扬，表现得无处不在、无幽不烛的时候，社会好像应该很清明，很祥和，很有活力，反之，民众就很蜷缩，蔫蔫的，而且按照政治的要求去衡量，民众浑身都是缺点。

政治与民众的幸福指数为什么会发生这种奇怪的反变关系呢？我没搞过政治，讲起来会隔靴搔痒，所以请来一位著名的政治家现身说法，或许会将病因说得更清楚。

据《贞观政要》卷一记载，贞观四年（公元 630 年），唐太宗问隋朝的过来人萧瑀：隋文帝是个什么样的君主？萧瑀回答说：克己复礼，勤劳思政。寻常的早朝议事，都会弄到太阳偏西才结束。凡五品以上的官员，以礼遇接见，座谈政事。对于执夜勤的卫士，还派人送餐饮。他的天性虽称不上仁爱通明，但也是个励精图治的君主。而唐太宗说：你只知其一，不知其二。隋文帝这个人，小事上追求明察秋毫而大事上心底暗昧。正因为心底暗昧，所以在大格局上不通透，缺乏明确的判断力，遇事狐疑就多。又由于是欺负北周的孤儿寡妇取得政权，总担心群臣内怀不服，所以不肯信任政府各部门，所有事都由自己决断，虽然弄得劳神苦形，却未必都合乎情理。臣僚们了解他的这个用心，又不敢直说，所以自宰相以下，都只是顺着他的心思罢了。我的想法与隋文帝不同，以天下之广，四海之众，千头万绪，必须变通才能够应对，所以具体事务都委托各部门商量，由宰相统筹，形成了稳当合适的办法，才报上来批准执行。怎么可以一日万机，都由一个人的思考去独断呢？就算一天决断十件事，也会有五件事不尽恰当，这样日积月累，处理不当的事太多了，如何能不灭亡？于是，唐太宗诏令政府各部门，以后有政令颁发下去，各部门都要衡量清楚了，如果有不稳当不合适的地方，必须汇报，不能由于是圣旨就一味地顺从。

隋文帝"其政察察"，好像很厉害的样子，执政的态度很认真，又表现得似乎什么都懂，明察秋毫，日理万机。但由于独断，所以不仅"其民缺缺"，连政府百官也都"缺缺"了。唐太宗像是个甩手掌柜，"其政闷闷"，但能够安排好决策、执行、检验的行政机制，放手发挥政府各部门的作用，以群策群力代替个人独裁，所以取得了中国历史上的最好政绩。

透过唐太宗的现身说法来理解《道德经》，则政治与民众幸福指数的反变关系，其实是集权独裁与民众幸福指数的反变关系。执政者越是集权独裁，民众的幸福指数就越低，如果执政者"察察"，集权独裁的能力很强，那么民众就近乎倒霉了，要遭祸害了。这个"正复为奇，善复为妖"的道理，在中国的政治生活中也一直潜伏着，"民之迷，其日固久"。所以老子告诫执政者，可以追求至方极圆的完美，但不能是从社会中割削出来的；可以要求清廉，但不能看什么都觉得污秽；可以坚持自己认为的正直道路，但不要因此就肆无忌惮；可以展现自己的光辉，但不能弄得很炫耀刺眼。

　　"其政"做到这四个"而不"，社会就必然和谐而有序了，政治是开明的，民众是舒展的。怎样做到这四个"而不"呢？学习唐太宗的经验，汲取隋文帝的教训，以共治的开放胸襟和执政机制，克服因不自信而狐疑的心态，摆脱因狐疑而独裁的狭隘，大概就差不多了。继而发挥反变关系的作用，既然自信"其政"是正确的，那就不妨低调一点，"闷闷"一点，让民众"淳淳"起来，宁愿做小的政治就会成为社会壮大的幸福之源。

第五十九章

治人事天莫若啬。夫唯啬，是谓早服；早服，是谓重积德，重积德则无不克，无不克则莫知其极。莫知其极，可以有国。有国之母，可以长久。是谓深根固柢，长生久视之道。

这一章的思想逻辑有些费解，"治人事天"应该还是政治话题，也就是个秉承天命治理民众的意思，最后怎么就说到"长生久视"上去了？难不成这就是黄帝神话的原本？在《史记·封禅书》的记载中，秦皇汉武时，燕齐方士们为了说服这两位大佬信神仙，就拿和他们身份相似的黄帝讲故事，如说祭灶神可以得到某种神秘的东西，拿这样东西点丹砂可以化成黄金，再用点成的黄金制作饮食器皿，就可以长寿，见到海上蓬莱仙岛的仙人，接着登泰山封禅，就长生不死了。黄帝就是这个样子的。又说黄帝治天下多少多少年之后，开采首山的铜，在荆山下铸鼎。鼎铸成之后，有龙飞过来，垂下胡须迎接黄帝，飞到天上去了。从治国到长生，故事倒是完整的，可要追问其中有个什么证据和逻辑，就不好说了。

不过，道家倒是很坚持一个源远流长的中国观念，即认为一人之身兼具一国之象，这个观念不仅古老，而且流传极普遍，如眼口鼻被封为"五官"，身体的其他部属也被统称为"器官"，这些"官"像国家的官员要执行皇帝的政令一样，都有协助心神治理身体的职责。既然身体和国家的组织结构一样，那么修养身体与治理国家，自然就是同一个道理了。所以历史上的道家人物，往往喜欢拿修身的经验去讲治国的道理，讲得皇帝王公们很入港，真的听懂了。从这个角度来理解《道德经》将"治人事天"与"长生久视"混在一起讲，似乎也就不奇怪，但仅限于道理相通，不要误以为搞政治就可以直接长寿。

既然修身和治国的道理相同，而修身易懂些，那就讲修身吧。拿这章来讲修身的体会，朱熹倒是很喜欢，给学生讲课都引以为例，我们就翻出朱熹的讲课记录，与大家分享。

朱熹说，"俭德极好。凡事俭则鲜失。老子言：'治人事天莫若啬。夫惟啬，是谓早服；早服，是谓重积德。'被它说得曲尽。早服者，言能啬则不远而复，便在此也。重积德者，言先已有所积，复养以啬，是又加积之也。如修养者，此身未有所损失，而又加以啬养，是谓早服而重积。若待其已损而后养，则养之方足以补其所损，不得谓之重积矣。所以贵早服。早服者，早觉未损而啬之也。如某此身已衰耗，如破屋相似，东扶西倒，虽欲修养，亦何能有益耶！今年得季通书说，近来深晓养生之理，尽得其法。只是城郭不完，无所施其功也。看来是如此"（《朱子语类》卷125）。这是段古汉语白话，毋须翻译，但可以归结起来并且更加直白地说：第一，修身养生要用啬的方法，啬什么呢？啬生命的根源——精气。这一点，精气充沛，青春冲动，看见所喜欢的人就流鼻血上火的年轻人最应该弄懂。第二，修身养生要趁早，青春年少本来就精足气满，如果能趁这时宝精养气，"早服"，那就为日后的身体积累双重的德了。第三，到了精亏气虚的时节再讲修身养生，顶多也只能算作补亏损，培护本根是来不及了。

当然，这只是朱熹和他的朋友蔡元定的经验，事情也不一定就那么绝对。通常的情况是，在激情燃烧的岁月里，谁能爱惜本根而不冲动呢？一切冲动都会自认为是正当的，是合乎"解放"逻辑的。及至发现本根因冲动而虚耗掉，原以为取之不尽、用之不竭的正当或正义性大厦，只剩下个"如破屋相似"，这时候要救残补缺，只怕找不到某个公认的良方了。然而道教有一套理论，也有一套办法。理论就是将一甲子之后看作新生，新生的意思就是生生不息的本根摆脱了上一轮的躯壳，又经过更加炉火纯青的淬炼，所以毋须依赖容易引起冲动的后天精气，让永恒的"一点元阳"朗现出来，激发生命活力。这套办法，肯定比救残补缺更有效，而救残补缺很难，也很累，用文火显然不能解决问题，用武火甚至会引发更多的问题。所以道教修炼，不在救残补缺上瞎折腾，而主张"尸解""羽化"，就是像蝉蜕一样，从上一轮旧躯壳里钻出来，任由新翅膀带着新生命，凌空翱翔。

第六十章

治大国若烹小鲜。以道莅天下，其鬼不神。非其鬼不神，其神不伤人。非其神不伤人，圣人亦不伤人。夫两不相伤，故德交归焉。

大国只是一盘小鱼，烹饪的诀窍很简单，就是不乱翻，不瞎搅。这个烹饪小鱼的诀窍，概括了以道治国的操作模式，治大国尤其如此。

治大国不乱翻，不瞎搅，就一定不会闹鬼。不是鬼自己不想闹，而是鬼没有了神性，闹不起来。为什么鬼就一起丧失了神性，都成为真正的"死鬼"了呢？因为遵照"以百姓心为心"的规则，指使鬼的幕后老板——神，未曾收到民众受骚扰的上访报告，就不会主动给人找事。为什么神都收不到上访报告，让社会这么安详？因为治国的"圣人"只是烹饪小鱼，没干什么坏事让民众难过。这套治国模式，也叫作"吾将镇之以无名之朴"。

这么看来，人世间之所以闹神闹鬼，要么是由于治国的"圣人"乱翻瞎搅了，要么就是治国的"圣人"将鬼神当枪使了，炮制出来禁锢人，吓唬人，就像世间的忌讳往往和鬼神有关联那样。不然，鬼神、圣人、民众互不相伤，人世间也就清平了。善德交汇在一起，网络青年们就不至于整天追问"那又是个什么鬼"。

第六十一章

大国者下流，天下之交，天下之牝。牝常以静胜牡，以静为下。故大国以下小国，则取小国；小国以下大国，则取大国。故或下以取，或下而取。大国不过欲兼畜人，小国不过欲入事人。夫两者各得其所欲，大者宜为下。

上章讲了烹小鱼的大国内政，这章就讲"下流"的大国外交。"下流"当然是典雅的古汉语，略同于现代语的"下游"，与现代人看见的大国有时耍流氓，完全不是一回事。

大国外交为什么要"下流"呢？第三十二章讲到，"譬道在天下，犹川谷之于江海"。能够容纳百川汇流的大海，一定比百川都更低下，也更浩大。与川谷之水的湍急比较起来，大海甚至是平静的，因此更像雌性。这样来看大国"下流"外交的含义，就包括低下、浩大、平静、雌性。一句话，让小国都愿意奔赴到这里来交汇，就达到"下流"的境界了。

然而俗话说，人往高处走，水往低处流。人是有选择的，水是自然滑落的，两样完全不同的东西，能放到一起去类比吗？所以有时候觉得，老子也是醉了，只在自己的逻辑里流连忘返。环顾当今世界的外交，各自努力将自己的利益最大化倒是真的，谁会将生成"天下"共同体作为最高目标呢？所以，用街头帮派去类比当今世界的外交，会更贴切。纵横捭阖，争雄称霸，"老大"越是强壮，纠集的"小弟"就越多。

然而，利益外交也需要道义的包装，在现实的利益外交的脑袋上，不是都想戴一顶"价值观外交"的桂冠吗？放眼现在的国际社会，利益外交已经开始气短了，而道义外交的路还很悠长。只是相对于"价值观外交"的话语表述，《道德经》海纳百川的道义外交究竟有什么优胜处和可行性呢？这或许是我们应当思索的一个问题。

第六十二章

　　道者万物之奥，善人之宝，不善人之所保。美言可以市，尊行可以加人。人之不善，何弃之有！故立天子，置三公，虽有拱璧以先驷马，不如坐进此道。古之所以贵此道者何？不曰以求得，有罪以免邪？故为天下贵。

　　由烹饪小鱼的内政、大国"下流"的外交，将会生成一个什么样的天下共同体呢？《道德经》说，那就是宽而能容，善人与不善人共同的容身之所。尽管现实中的人总有善与不善之分，但在天下共同体里，那不是造成活得下去与活不下去的充分理由。宽容各种人按自己的选择生活着，不那么动辄得咎，无辜入罪，就是道化的清平世界。所以《道德经》说，"道者万物之奥"，能蕴藏姿性各异的万物万众，是将"道"应用于天下共同体的必然效应。

　　道家这种主张宽容的淑世情怀，是否具有针对性呢？抑或也只是关于"理想国"的自我抒情？简单对照一下历史现实，或者更确切地说，对照一下道家的现实观察和感受，我们可以明明白白地弄清楚这类问题。《庄子·在宥》说，"今世殊死者相枕也，桁杨者相推也，刑戮者相望也"。殊死者也就是非正常死亡的人，尸横遍野；桁杨者也就是戴着枷锁的人，拥挤成堆；刑戮者也就是受过刑罚而肢体残缺的人，彼此相望。这样的现实社会，让道家触目惊心。

那么，现实社会的犯罪率何以如此企高？按照儒家的分析，犯罪率的高低，是教化成与败的反映，如汉初陆贾《新语》说，"尧舜之民，可比屋而封；桀纣之民，可比屋而诛者，教化使然也"。好像民众犯罪是真的，只是原因要归咎于受不到良好的教化。而《道德经》说，"民之饥，以其上食税之多，是以饥。民之难治，以其上之有为，是以难治。民之轻死，以其求生之厚，是以轻死"。这还是政治与民众幸福的反变关系。因为把持政权的社会上层太奢靡，所以民众饥寒交迫；因为上层有太多的奢望和设想，弄得民不堪命，所以民众随时随地都会触犯刑网；因为上层将自己的生命看得太珍贵了，穷尽手段去益生、厚生，所以民众殊死抵制，不在乎是生是死。显然，民众守不守法，犯不犯罪，要看上面的人将法律的网张开多大。如果上面的人为了满足自己的私志私欲，将刑网张开得像天网一样大，天下共同体不是由宽容的道化来融合，而是由严峻的刑网来笼罩，那么民众就都是罪人，所谓"天下"也演变成炼狱。所以《道德经》说，与其快马奔驰着向"天子"进贡宝玉以邀功，还不如坐下来和"天子"讲讲这个"道"。因为"天子"以及太师、太傅等地位崇高的三公，就是为展现道化的宽容而设立的，否则，以血缘亲情为纽带的氏族国家，为什么要联合成没有自然关系的"天下"呢？

既然是"天下"，涵盖着普天之下、率土之滨的广袤，那就必须宽容，即使是在你看来不善的人，也应该受到宽容精神所能够给予的保护。这是道家的立场，虽古老，但历久弥新。

第六十三章

为无为，事无事，味无味。大小多少，报怨以德。图难于其易，为大于其细；天下难事必作于易，天下大事必作于细。是以圣人终不为大，故能成其大。夫轻诺必寡信，多易必多难。是以圣人犹难之，故终无难矣。

《道德经》关于天下共同体的构想是不是很高远？高不高且不好说，远却是一定的，因为在两千多年后的今天，我们读起来依然亲切，借用一句学术界的常用语，很有现代性。而高低之所以不好说，是因为过去的诸侯们没做到，现在的诸侯们也未必能做到，所以高得有些不切实际。这样的构想，大概类似于现代政治学所追求的最普遍的正义，即社会没有被抛弃的少数，没有被抛弃的持不同意见者，相应地也就没有程序正义下的多数人暴力等。这样的最普遍正义如何实施？现代政治学好像也提不出很合适的办法。而《道德经》说，对于天下共同体的构想，不要那么急切地奢求一步登天，从小事、容易的事做起，不要像竞选承诺那样自信满满地夸口什么大事都能做到，也不要将建构天下共同体这样的大事看得太轻易了，否则兑不了现，还会惹出更大的麻烦。

"天下难事必作于易，天下大事必作于细"，还有紧接着后面第六十四章的"九层之台，起于累土；千里之行，始于足下"，等等，都是《道德经》的名句，已经成了中国人的口头语，但很少有人将这些名句与"无为"联系起来。如果能够联系起来，显然就不会将"无为"误解成无所作为了。都要从身边的小事做起、从第一步开始了，全是脚踏实地的招数，还能算无所作为吗？所以《道德经》说"为无为，事无事，味无味"，一定是个慢慢品味道化、将心底牵挂件件放下的意境，不是成心在那里做出个"无为""无事""无味"，这些东西都不是做出来的，也做不出来的。

品味"无为""无事""无味"的意境，就是从小事做起，共同营造天下共同体的进路。这条路不会很绚丽，因为它不仅要关注小事，尊重少数，还要"报怨以德"，也就是用"修之身其德乃真""修之天下其德乃普"的普世之德，去化解人世间的种种恩怨情仇，悠悠然，淡淡然，但人人都自如、逍遥。

第六十四章

　　其安易持，其未兆易谋。其脆易泮①，其微易散。为之于未有，治之于未乱。

　　合抱之木，生于毫末；九层之台，起于累土；千里之行，始于足下。

　　为者败之，执者失之。是以圣人无为，故无败；无执，故无失。

　　民之从事，常于几成而败之。慎终如始，则无败事。

　　是以圣人欲不欲，不贵难得之货；学不学，复众人之所过，以辅万物之自然而不敢为。

　　本章有个理解上的难点，即开篇的四个指示代词"其"，究竟代指什么对象儿？这个问题我以前未曾特别留意，这回专

①　泮（pàn），消解。

门翻看河上公、王弼、苏辙等人的注解，发现他们也未特别关注，都是按常例当作泛指来解释的。考虑到本章与第六十章以后的几章同气连枝，是电视剧的续集，所以我觉得应该有其特别的指意，即天下共同体。当然，当作泛指来理解也能说得通，但不像理解为专指天下共同体那样引人入胜。

所谓"其安易持"，简单地说就是安静的东西容易把持。例如拎着、拿着或者捧着一样东西，如果这东西很安静，那就相对容易些；如果这东西一直在扑腾，那就会觉得麻烦。操持天下也同样。所以不要以为把天下搞乱了就方便火中取栗，天下乱了，火烧着了，栗子也烤熟了，却不一定能拿到手。因为搞乱天下不仅仅意味着打破固有的集体秩序，还意味着打破固有的集体秩序意识。当一个社会丧失集体秩序意识的时候，那把火也就失控了，怎么能保障那颗栗子不被烧成灰烬呢？所以取天下要常无事，不能像春秋战国时的诸侯这样，四处煽风点火，唯恐天下不乱，而要以清静无为的风范引领天下，那样的天下才好操持。

"其未兆易谋"的意境更悠远些。本来，按照道家的性格，被动的随机应变固然可以接受，而主动的预谋就绝对不能鼓励了。如《庄子·应帝王》说，"无为名尸，无为谋府，无为事任，无为知主"。意即不要主导命名，不要充当智库，不要包揽事情，不做对错的裁判。《道德经》第三十八章也说，"前识者，道之华，而愚之始"。这些都与"其未兆易谋"有所扞格，而谋于未兆，应该说是道家语境下的一个特例，这种特例大概也只有在探讨天下共同体的生成可能性问题时，才不会让人觉得特别突兀。这个天下共同体，不是诸侯们力争的那个"天下"，甚至也不是周武王讨伐商纣王所取得的那个"天下"，在现实中它还未显现出征兆，还只是一种理念，但站在天道的立场上看，它又是社会的必然方向，所以在现实中是可能实现的。而且，天下共同体在征兆未现时，它就未被规定，未被利用，未被污染，是纯粹的、饱含着生机活力的种子，所以与那些残缺陈旧而且僵硬的制度形态比较起来，更"易谋"一些，这包括容易与之为谋和容易为之谋划两个方面。

但纯粹的种子需要悉心呵护，"其脆易泮，其微易散"。这种天下共同体理念的纯粹种子状态，很像《尚书》所说的"道心"，"道心惟微，人心惟危"，很容易被人类的机心所破坏。怎样呵护脆弱的"道心"呢？"惟精惟一，允执厥中"。而《道德经》的呵护方案是"为之于未有，治之于未乱"，也就是在纯粹种子尚未萌芽的状态就奠定方向性的基础，不让它被私志私欲诱入歧途。一旦出现误入歧途的苗头，那么"治之"的办法就是本章的末后两句，"是以圣人欲不欲，不贵难得之货；学不学，复众人之所过，以辅万物之自然而不敢为"，以"不欲""不学"的风范来展现生成天下共同体的应然方向，不因为有些偏失了就下猛药收拾，那样病与药会形成对抗关系，而对抗，正是偏失的病灶。

　　从种子到呵护种子的方法，都处在由微而著的渐进过程当中，"千里之行，始于足下"。跟进这个过程，不但要找准良好的开端，而且要善始善终，在合理方向的意义上守护终点，"慎终如始"。对于"天下"这种社会共同体来说，慎终如始，真正做到不忘初心，可能是很难很难的，难就难在：第一，坐上金銮殿和遥望金銮殿的感觉是不一样的；第二，坐上金銮殿后由他人布置的环境更不一样。当真能慎终如始的，就是被大家奉为"圣人"后依然"以辅万物之自然而不敢为"的真人。

第六十五章

古之善为道者，非以明民，将以愚之。民之难治，以其智多。故以智治国，国之贼；不以智治国，国之福。知此两者亦楷式。常知楷式，是谓玄德。玄德深矣，远矣，与物反矣，然后乃至大顺。

如果仅仅从字面上看，这章确实像一些学者批评的那样，带有愚民政策的重大嫌疑，既不可信，更不可爱。不可信是因为，愚民政策应该是精英政治的专属游戏，而在奉行长子继承制的氏族国家里，王公侯伯与民的差别，只是祖辈偶然为嫡子或庶子、长子或次子而已，本来就在伯仲之间，还说不准谁比谁更笨呢，王公侯伯对于民，又凭什么能"愚之"？不可爱是因为暴露出嫌怨民众"智多"，试图"愚之"的动机。从一个不良动机出发干一件没道理的事情，确实不像智者之所为，更何况是老子这样的大圣哲，怎么可能悖谬如此呢？所以仅仅从字面上来理解，实在算不上见仁见智，倒真是有些见愚了。

既然不能停留在字面上，那就来找找《道德经》的思想逻辑吧。《道德经》将"明民"与"愚之"对应起来，是相对互反的两种政治方略，也是王公侯伯能够做出的两种选择。选择"明民"的方略并且予以实施，就是"以智治国"，而选择"愚之"则是"不以智治国"。无论"以智"还是"不以智"，背后的主体都是王公侯伯，也就是说，方略选择是由王公侯伯的意志主导的。如果这个"智"是王公侯伯自身的，那就意味着王公侯伯按照自身的意志推行一己的智虑，其中可能包括谋划、判断，等等；如果这个"智"是选贤任能，那就意味着王公侯伯按照自己的意志为社会确立了某种风向，如王公侯伯爱财，则选用的"智"必然善于聚敛，王公侯伯好战，则选用的"智"必然长于计谋，等等，社会的风气也会演变成不以道德相尚，而以智谋相交。无论出现的是哪种情况，"以智"都是王公侯伯自我意志的舒张、膨胀，自我意志才是主导者、选择者，"智"则充其量也只是被选择者、工具。从理论上说，被选择者对于选择者没有制约作用，"智"对于王公侯伯的自我意志，只能推波助澜，不能有所制约。可在实践中，王公侯伯的自我意志往往被选贤任能的"智"所掌控、所利用，言听计从，处处依赖，于是，要么王公侯伯的私人利益不断扩张，与民众处于矛盾对立的状态；要么在执政的小圈子里发生各种政变的大阴谋，国家也会因此陷于动乱。到这时候，"以智治国国之贼"的真实含义，也就不证自明了。

"不以智治国"是王公侯伯放弃对于智谋的工具依赖、路径依赖，放弃的结果，是用智谋所聚敛的利益没有了，用智谋所衍生的尔虞我诈当然也没有了。但并不意味着王公侯伯的主导意志会受到制约，因为还有以法治国、以礼治国、以德治国，等等，对于这些方略，道家同样也不赞同，因为它们不同于玄德或者道化，不能遵循普世性原则以超越个人的政治意志。所以《道德经》所说的"知此两者亦楷式"，全面准确的理解应该是说，有两种政治的体制模式：一种模式奉行具有特殊性的智、法、礼、德等为最高原则，王公侯伯的主导意志通过智、法、礼、德等彰显出来；另一种奉行具有普世性的玄德或者道化为最高原则，王公侯伯的主导意志体现在领悟和适应普世性的进程之中，也唯其普世，所以"然后乃至大顺"，没有以智、以法、以礼、以德等都可能造成群体的分裂甚至对立。

当然，以什么治国，只是就最高原则而言的。如果已经确认了具有普世意义的最高原则，那么对于社会发展出的智谋、法度、礼乐、德化，等等，就应该像欣赏春天的繁花锦簇一样，不仅赏美，还能从中感悟绵绵不息的生机。

第六十六章

　　江海所以能为百谷王者，以其善下之，故能为百谷王。是以欲上民，必以言下之；欲先民，必以身后之。是以圣人处上而民不重，处前而民不害。是以天下乐推而不厌。以其不争，故天下莫能与之争。

　　本章与第十七章的领袖学有些呼应关系，也是讲领袖风范的，但内容更具体些。

　　"处上而人不重"，"天下乐推而不厌"，是《道德经》所表称的领袖境界。"不重"是民众不觉得、不以为被领袖压得很沉重，不是不尊重。"天下乐推而不厌"的大意，与第十七章的"亲而誉之"相仿佛，意即屡屡推崇而不厌倦，获得的民望很持久，但还没有民主制连选连任那么明确。

　　然而，如果没有民主制的民意表决那么明确，也没有公开的、可采集的舆情信息，领袖又如何判断自己是否让人觉得

"不重""不厌"？在哪些事情上要如何做才能够让人"不重""不厌"呢？要做出这样的判断，很难。

还有更难的。领袖之成其为领袖，是因为他集中承担了最多也最大的权力和责任。如果能从制度上明确权利和责任的对应关系，谁赋予的权力，就向谁承担责任，承担不了就放弃权力，那么事情倒还简单，人生又不是只有一种活法，就当领袖也只是一种职业好了，既然已经被证明不是当领袖的材料，那就换一种活法，再选一个职业，不也太阳照升，地球照转吗？然而在中国的制度传统里，权力与责任的关系，要复杂得多，也让领袖纠结得多。

产生纠结的根源，是权力的来源与现实的合法性基础不统一。就权力来源而言，如果是开国之君，那就是马上得天下，相应的责任可以概括为巩固历年征战的成果，以求始皇开图、万世永固；如果是嗣位之主，那么权力就是由世袭制、长子继承制等所赋予的，是继承祖宗的勋烈，相应的责任可以概括为守护祖宗基业。

向谁守护又能采用什么样的资源来巩固呢？家族之内自兄弟以下的所有人，家族之外自宰相、大将军以下的所有人，都有可能是潜在的权力觊觎者，所以守护以权力为核心的祖业，就需要防范天下所有人。而守护或者巩固的资源，只能是从民众身上征收的赋税。这样，民众是否感觉"不重""不厌"，就成为现实的政权合法性基础。基础如果动摇了，祖业也就完蛋了，可见在事实上，这个现实的政权合法性基础，比祖业更根本。然而，如果不是被继承祖业的体制如此安排，那个人又怎么当上了领袖呢？所以，究竟是应该把祖业放在前面，还是要把民众的"不重""不厌"放在前面，依然让领袖很纠结。

通常的人生感受，一张皮做人已经很难了，至于披两张皮做领袖，那该是一个什么样的难受劲儿？我们不了解，不知道，但老子知道，所以他很善意地劝说领袖们放下身段，从心底里海纳百川，即使你认定完成责任需要强化自己的权威，也最好不要弄得人人都觉得被你压重了，你的存在就让人厌倦。

能够从心底里海纳百川，自然就"天下莫能与之争"了，这样的领袖，不管戴不戴帽子，始终都是个"王"。

第六十七章

天下皆谓我道大，似不肖。夫唯大，故似不肖。若肖，久矣其细也夫。

我有三宝，持而保之。一曰慈，二曰俭，三曰不敢为天下先。慈，故能勇；俭，故能广；不敢为天下先，故能成器长。

今舍慈且勇，舍俭且广，舍后且先，死矣。夫慈，以战则胜，以守则固。天将救之，以慈卫之。

按照《史记·老庄申韩列传》的记载，《道德经》是老子在西游出关的途中，也是在最终归隐之前，被关令尹喜强求着才写出来的，但从这一章来看，老子的"道"，其实早就和天下人见面了，并非等到西游出关时才横空出世，只是天下人不大能接受。为什么不接受？因为老子的"道"太大了，和什么东西都不像，都没有可比性，所以理解起来有些不习惯。这在以象形文字为基点的思维方式里，大概是难以避免的。象形文字直观形象，思维方式依赖参照物，长处在于充满实感，但用来表述抽象的概念，就有些不大方便。然而老子说，正因为"道"本来就很大，所以才和任何东西都不像，如果像某样东西，那么早就是个小玩意儿了。所谓"久矣其细也夫"的感叹，似乎还有层画外音，即如果"道"当真是个小玩意儿，那么早就被张三或者李四掌控了，哪里还值得我老子这么研精覃思，以至欲言又止，欲罢不能？

现在我们知道，所谓"大"，不仅仅指"道"所涵盖的空间无限广袤，还指"道"概念的外延无限宽泛，既涵盖一切空间，也涵盖空间里的一切物象。这样的"道"究竟是个什么概念？很简单，哲学上的普遍性而已。

要为一个普遍性的概念寻求人世间普遍的理解，已经很难了，进而要让这个概念的应用价值被普遍地接受，那可就难上加难了。但是，如果概念不能被普遍理解，应用价值又不被普遍接受，那又如何对社会产生应有的作用呢？说出来和不说出来，又有什么差别呢？所以老子要想办法让人们接受"道"的应用价值。所谓"三宝"，就是老子想出来的法子，即采用举例的方式让人们理解"道"，接受"道"的应用价值。用这三个例子来说明"道"的应用价值，在春秋战国时期都很有代表性，因为勇敢、扩张、壮大，正是那时代的人最需要的。

真正的勇敢，必须有一颗勇敢的心。那么，如何造就这勇敢的心呢？有人以藐视敌人的舆论来鼓励士气，有人多多准备壮行的酒，有人甚至鼓动仇恨，而老子说，造就真正勇敢的心只有一个诀窍，就是"慈"。真正的勇士，必定不是那种杀人不眨眼的魔头，而是内心充满同情、悲悯、仁慈的正常人。如果丧失了"慈"，内心没有正义感做支撑，那么一阵血气之勇过后，紧跟着的必定是空虚、怯懦，所以《道德经》说，"慈故能勇"。

所谓"俭故能广"，意犹《中庸》"致广大"，"广"可以理解为动词，由狭小而广大，也就是扩张。扩张可以是领地、社会影响力或其他任何方面的，但无论哪方面，既要扩张，就不能在资源的运用上太夸张，所以要节俭。

"不敢为天下先"一句最有意思，因为这句通常被曲解为躲在后边。可要当真躲在后边，又怎么可能"成器长"——成为器物发展的引领者呢？所以这句话的本意，是说不要永远都站在前面，将自己当成创造力的上限，那样弄成武大郎开店，器物文明无法增长，你自己也当不成器物创造的领军人物。

老子的这些话说过两千多年了，似乎时过境迁，但"三宝"的诀窍，依然很让人受用。

第六十八章

善为士者不武，善战者不怒，善胜敌者不与，善用人者为之下。是谓不争之德，是谓用人之力，是谓配天古之极。

会干仗的人，不会让愤怒的情绪左右自己的头脑和身体。情绪愤怒，心跳加速，头脑缺氧，手抖脚凉，还不等拉开架势，就已经败给自己的情绪了。历史上有名的樊哙和张飞，都是怒将军，动不动就目眦尽裂，须发皆张，吼声如雷，但在同时代的人物里，他们的单兵作战能力都很一般般，更像是战场上的拉拉队长。他们或许是由于武艺不行，所以要做出怒将军的样子，又或许是由于易怒，所以武艺不行，反正战斗力与愤怒的情绪成反比，愤怒的情绪越高涨，战斗力就越弱。这样的干仗经验好像人人都曾有过，太简单了，不值得放在《道德经》里来谈。

但简单的事情背后，有一些很普遍因此也就很深奥的道理，体现在人生的方方面面。例如古代出家门谋公职的"士"，或多或少都要会些武艺，士的标准训练六艺中，就包括射箭，而佩剑也是士人装束的标配，在这种社会风俗里，出门闯天下的士人就一定要尚武吗？这是《道德经》已经回答的第一个问题，"善为士者不武"。

又如战场上的胜利，或者是针锋相对拼杀得来的，或者是机动灵活以巧妙胜出的，哪一个更好呢？这是《道德经》回答的第二个问题，"善胜敌者不争"。

再如聚众兴事，是要处处都力压群雄呢，还是自己退一步，让众人发挥能力？这是《道德经》回答的第三个问题，"善用人者为之下"。

诸如此类的问题还有很多，而如何选择，取决于心底是有那样一份"慈故能勇"的真勇呢，还是多了份展现自我意志的征服欲？

征服欲可能是展现自我意志的典型形态，尚武是为了征服，针锋相对是争取征服，居高临下是享受征服。然而，就算所有的征服欲全都满足了，也不过"胜人者有力"，而要达到"自胜者强"的境界，就必须经历超越征服欲的考验。所以《道德经》将这些征服欲的典型事例列举出来，给我们这些打算闯荡世界的英雄们提个醒，即拥有征服的能力却又不抱着征服者的心态，会让前面的路更宽敞，让走在路上的我们更从容。从这种人生境界上升华，可以像古往今来的圣哲那样，浑然合乎天道。孔子说，"唯天为大，唯尧则之"，中国古代的祭祀信仰体系，还有个先王"以德配天"的惯例，也就是在祭天的同时祭祀先王，以表达敬天法祖的崇高信仰。而《道德经》说"配天古之极"，就将古老的崇高信仰发散到我们每个人身上，只要我们超越狭隘的征服欲、自我意志，我们也可以"配天"，活出文明史曾经有过的极致精彩。

第六十九章

用兵有言：吾不敢为主而为客，不敢进寸而退尺。是谓行无行，攘无臂，扔无敌，执无兵。祸莫大于轻敌，轻敌几丧吾宝。故抗兵相加，哀者胜矣。

顺着"慈故能勇"的话头一路讲来，越讲越具体，到本章讲述兵法告一段落，可以看作《道德经》里的一个专题。有趣的是，围绕本章大旨，明代人丘浚的《大学衍义补》做过诠释，看起来比逐字逐句的各家注解都更清晰。《大学衍义补》是一部长达160卷的皇皇巨著，作为南宋真德秀《大学衍义》的补充，围绕《大学》"治国平天下"五个字，展开全面系统的阐述。《道德经》的这一章，被丘浚视为"严武备"的经典片段，所以摘录出来，予以诠释。我们就借助丘浚的诠释，学习学习本章的兵法。

所谓"用兵有言"，是当时带兵打仗的人有这种说法，两军对垒时，我方不率先发起攻击，而是因应敌方的变化，这就叫"不敢为主而为客"。向前推进时，对地面情况不了解，所以虽寸步也要谨慎，至于后退，地面情况都在掌握之中，步子大一点也没有关系。带兵行进，要在行进中就像未曾行进一样。常人推开阻拦都要用手臂，而我带兵穿插推排，却像人不用手臂那样。与敌军遭遇，必然要因应敌军的情势采取对策，而我的因应，可以像敌军不存在一样。临阵搏击时，必然要执持兵器，而我的兵器在手中却像没有兵器一样。这些都是交战时观念意识不停留于对抗的战争艺术，但绝不意味着因此可以轻敌。轻敌是作战的最大祸患，将战争当儿戏，不为战争悲哀却当成聚群的嬉闹，会损兵折将，丧失国家赖以稳固的珍宝。所以两国交战，最终必定是"慈故能勇"，以哀伤看待战争的一方获胜（参见《大学衍义补》卷116）。

当然，这些都只是冷兵器时代的兵法，现在已经用不上了，但《道德经》对于战争的态度却依然有启示意义：第一，不要将战争当儿戏，而要以仁慈、悲悯之心看待军事冲突；第二，军事冲突既然不可避免，那就要身手在战斗之中，眼界却高抬到战斗之外。

第七十章

吾言甚易知，甚易行。天下莫能知，莫能行。言有宗，事有君。夫唯无知，是以不我知。知我者希，则我者贵。是以圣人被褐怀玉。

看这章的意思，老子有些孤独了。人在不被理解的时候，孤独感就会从四面八方袭来，不过，孤独的类型可能会有差别。如果是由于受了委屈，不被理解倒还好，只要内心无愧，相信正义在我，就可以坦然面对，期待着哪天水落石出，就可以获得安慰。如果孤独是由于发现了一条路，可以带领人们走出沼泽，不必再迷茫，再陷溺，却无人理解，无人相信，那种孤独就真的孤独了。真正的孤独叫作忧患，老子就很忧患。

为了让人们能够理解，老子愿意将自己博大精深的思想体系打个折扣，"言有宗，事有君"，如果体系不好把握，那么抓住宗旨就行了。但什么是老子思想的宗旨？怎么个抓法呢？

　　我们可能抓不住，那就看看别人怎么抓吧。《庄子·天下》说，"以本为精，以物为粗，以有积为不足，淡然独与神明居。古之道术有在于是者，关尹、老聃闻其风而悦之。建之以常无有，主之以太一。以濡弱谦下为表，以空虚不毁万物为实"。这是将老子和关尹列为一个流派，这个流派发现事物的背后还有一个与事物对应的本，思想宗旨就是说出并且推崇这个本。本的实质内涵是"常无有"——常无常有，对应于万物而为主导则称之为"太一"。将崇本的宗旨应用到处世上，就是以懦弱谦卑的心态和行为，达到维护万物之大全的真实目的。这么看来，大概可以将老子的思想宗旨概括为两个字——崇本。

　　还有一个抓老子思想宗旨的名篇，即司马谈的《论六家要指》，我们在讲解第三十七章时，曾引用其中关于"以虚无为本，以因循为用"的内容，所抓出的思想宗旨和《庄子·天下》大体一致，只是更强调"本"的另一面——"用"。由此我们再来概括老子的思想宗旨，或许可以称之为崇本达用。

　　崇本是思想意识层面的，即可以观察的事物表象是有限的、变动的，表象背后的本体是无限的、永恒的。因为永恒的本体决定着表象的变动，而做任何事情都是与表象变动一起改变事物的存在状态，所以，包括做人做事在内的所有的"用"，都要以遵循本体为原则。如果说本体看不见、摸不着，不知道如何遵循，那么就从"达用"的角度入手，适应由本体所支配的表象变动。例如，如果弄不清春夏秋冬四季变化的所以然之故，那么就从适应季节变化的角度着手，做好春生夏长、秋收冬藏的事情。这样，崇本和达用是可以两头互动的。

正因为道本体可以遵循，道的动用可以适应，所以老子说"道"是易知易行的，而知与行、言与事可以互动起来，并不是说要预先掌握"道"的绝对实体、绝对真理，然后才可以做对事情而且必然做对事情。

第七十一章

知不知，上；不知知，病。夫唯病病，是以不病。圣
人不病，以其病病，是以不病。

《论语》记载孔子训导学生子路说，"由，诲女知之乎？知
之为知之，不知为不知，是知也"。这句话在中华文化圈流传
了两千多年。子路姓仲，"由"是他的本名。因为子路的性格
勇而好义，有时也不免轻率，所以孔子告诫他，不知道就说不
知道，那也不失为"智"。这句话后来成了格言，两千多年来不
断提醒我们对于知识要抱持严谨的态度。强不知以为知，不懂
装懂，在中国的传统文化里很容易被定格、被归类，那就是孔
子曾经训诫的子路，对于知识缺乏认真、严谨的态度，暴露出
轻率甚至浮躁的性格，因此是不智的，缺乏向智慧升华的素质。

孔子在知识上的严谨求实态度，想必老子也是赞同的，
"知不知，上；不知知，病"，最简单直接的意思就是孔子训导

子路的那个意思。然而，孔子训导子路，针对性很明确，那就是子路这个性格的人，以及正在拿什么事教诲他的特定情境，针对性明确，"知之"或"不知"的是什么，也就不用瞎猜了，只是他们正在说的那件事。而老子的话是就形而上之道说的，没有特定情境和人物性格的针对性。就理解形而上之道而言，"不知为不知"大概还好掌握，因为"我不懂、我不知"，可以由"我"来做出判断。至于"知之为知之"，那可就很难说了，因为由"我"所做出的"我知道"的判断，正是最容易犯的常见错误。这个道理我们在第一章就已经展开过讨论，随后的许多章节也引述《庄子》等，反复涉及。就本章我们大概只需要强调一点，所谓"知不知"，最好不要像一些旧注家那样理解，即将已知当作不知或未知，而应该理解为知晓自己对于"道"未能尽知，前者表现出谦逊的态度，后者则属于道家固有的理性精神。相应地，"不知知"也不应简单理解为将不知当作已知，而是指不知一切已知都有其局限性。没有这样的局限性意识，学道就很容易放大自己，以为绝对的、普遍的真理尽在自己的掌握之中，思想意识也就发生病变了。道家圣人时常警惕这种自我放大，永远都明白对于"道"不可能获得终极之知，所以能保持思想意识的健康状态。

倾尽全力推阐"道"，唤醒人世间关于"道"的意识，同时又直面不能终极、绝对认知"道"的事实，正是道家理性精神的内核。这一章文字简短，但含义悠长。

第七十二章

人不畏威，则大威至。无狭其所居，无厌其所生。夫唯不厌，是以不厌。是以圣人自知不自见，自爱不自贵。故去彼取此。

这章再次遇到前面反复遇到的老问题，即指示代词"之"啊"其"呀之类的，究竟都指谁呀？本章的"其"，按照河上公的理解，指人自己的神，"无狭其所居"意即心是神的居所，所以不要将自己的心弄得太狭小了，以免神不安所居；王弼则认为"其"指的是百姓，"无狭其所居"就是不要逼得百姓与权威对抗；苏辙又说"其"指的是各人自己，"无狭其所居"的大意，是说眼耳鼻舌身意的感性之"我"固然很小，但本性之"我"与天地同款，所以要活在本性之"我"里，就不狭小了。好像都有道理，但我们还是听王弼的吧，因为他的说法与前一句的"威"，在逻辑上更顺洽。

按照汉语的习惯，威在通常的情况下，总是与权和力联系在一起的，叫作权威、威力，这些中性词或许更接近本义。当然还有威望、威信等褒义词，有威胁、威逼等贬义词。但不管褒还是贬，都必须先有权威、威力，才有可能去作好作歹、任褒任贬。不过从字源上看倒是挺有趣的，《说文解字》的"威"不在戈部，而在女部，"从女从戌"，戌按纳支法表示中央土位，原意指丈夫的母亲。按照这个原意，好像不是枪杆子里面生威，而是被认可、受尊重才有威。到了老子用"威"时，原意或许已经很遥远了，权威、威力的引申义反倒随着五霸七雄们的威武生猛，"借壳上市"，取代本义，成了通用的含义默认。老子对"威"的用法，也是跟着市场行情走的，所以才有"畏威""大威"之说。

"人不畏威"的"人"，虽然有的版本写作"民"，但想必是经过后代好事者的篡改以迎合帝王的，因为老百姓没有那么大的胆子，谁的威都不怕。在一个诸侯国里，谁都不怕的只可能是国君；在全天下里，谁都不怕的只可能是天子。像第二十六章讲到的帝武乙，连天神都不怕，那就真的无所畏惧了。所以这个字不仅应该写作"人"，而且指意也明确，就是王公侯伯。

然而老子说，不怕威就会有更大的威临头。为什么？老子没细说，不过从逻辑上应该可以理解。向威挑战，大概就像向极限运动挑战一样，只要你有胆量挑战，并且有能力突破某个极限，那就一定会有更高更难的极限在前面等着你。对于拥有一个国家最高威权的国君来说，天威也许太假设了，民威又根本就看不出来，所以通常都表现得"不畏威"，找不到极限去挑战，但如果因此就肆无忌惮，不断压迫老百姓的生存空间，不断将老百姓的生存欲望利用到极限，实际上就是在挑战自己威权的极端上限，那么就必然像王弼断言的那样，"威不能复制民，民不能堪其威，则上下大溃矣"。老百姓再也受不了国君的威，要揭竿而起，威慑也就不起作用，社会秩序也就彻底崩溃。所以按照王弼的理解，本章的核心，就是"言威力不可任也"，太相信权威、威力对于社会秩序的稳定作用，最终会酿成大祸，有更大的威不期而至。这个道理在中国历史上，无疑已得到无数次证明，每一个威权时代的结束，都必然伴随着社会的动乱甚至战争。好像社会秩序有一个自适应的节奏或频率，如果前期的威权压力很大，那么后期的反弹力也同样大，所以《道德经》里要反复强调"其事好还"，"反者道之动"等等。如果没有这种自适应的节奏或频率，社会的共同秩序也许就散架了，社会共同体也散架了，后果不堪设想。

　　如果权威、威力都靠不住，那又拿什么来掌控社会秩序、高效地调控社会资源，以充分发挥领袖人物引领社会快速发展的作用？老子开出这样一个方子，"去彼取此"，抛开对于权威、威力的依赖，将自己看得比符号化的权威、威力更珍贵，"自知不自见"，不那么将炫耀权威与表现自我混在一起并且搞得太频繁，那么实际的权威就不会让老百姓厌倦。

　　不管怎么说，让权威成为老百姓的依赖会很好，而让权威成为老百姓的厌物会很糟。《道德经》总能在这类要命的事情上给后人提个醒，所以是中华文明的不朽经典。

第七十三章

勇于敢则杀，勇于不敢则活。此两者，或利或害。天之所恶，孰知其故？是以圣人犹难之。

天之道，不争而善胜，不言而善应，不召而自来，繟①然而善谋。天网恢恢，疏而不失。

就生产和生活的基本方式而言，中国的传统社会无疑是农业社会，中国传统社会的人口，也无疑以农民占绝大多数。在现代工业介入——包括灌溉技术、农具机械化等之前，传统农业的基本状态就是"靠天吃饭"，所以人对于自然的依赖，在中国人的生活经验中可谓刻骨铭心，既强烈又是全民性的。

然而，相同的经验却不一定会产生相同的感受，更不一定要做出相同的理论描述，否则也就没有色彩斑斓的文明史了。

①　繟（chǎn），舒缓，坦然。

对于"靠天吃饭"的生存状态和生活经验，既可以温情脉脉地将自然描绘成仁慈的父母，也可以抱着理性的态度，尽可能清晰地描画出自然无情的真实面目，中国传统的两大思想体系——儒家和道家，就在这个问题上展现出它们之间既微妙又很根本的差别。儒家温情，道家理性。温情的儒家更多地继承了西周以来的信仰传统，理性的道家则表现出向真相追问答案的开拓精神。

儒道两家的这种差别，在两家思想的形成过程中就表现为明确的意识。例如老庄剽剥仁义，断言天地无情、圣人无情，尤其是本章，以"天网"概括人对于自然的依赖，人生始终都奔波在这张依赖之网里，虽然不是时时都感受到被"天网"捆缚住手脚，但毕竟无所逃于天地之间，跑是跑不掉的。这种理性的冷光，明显射向温情的儒家及其信仰传统。而儒家的荀子，也直言道家"蔽于天而不知人"，只追求理性的真实，不考虑社会的需要，孟子甚至敏锐地发现，按照道家一味追求理性的思想逻辑，会衍生出无政府主义——无君论，后果将不堪设想。从这些相互批评来看，儒道两家的矛盾不可谓不大。可是，如果我们将相互批评视为相互理解的更强烈表达，那么显然，儒道两家对于由他们所构成的中国思想张力，都是哑巴吃馄饨——心底下有数的。

当然，对于儒道之间的思想张力，既可以默认或者偷窥，也可以摆上桌面公开讨论，从而刺激思想，互发高致。这方面，南宋思想家叶适算是一个先行者。在一部题为《习学记言》的读书札记中，叶适以《周易》和《道德经》为代表，剖辨儒道两家各言其天地之道的得失。叶适的儒家立场很坚定，诋斥道家的态度也就很鲜明，但撇开态度不追究，我们可以强烈地感受到问题本身对于思想的刺激性。

叶适的凌厉剖辨是这个样子开始的——自古以来讲天地之道，最详悉的莫过于《周易》。从卦画开始推演，到了最精微的地方可以见天地之心，粗浅之处也能通吉凶之变，这是后世共同遵循的，不可改变。而老子只按自己的意思"妄为窥测"，说法又屡屡改变，前后不同。于是叶适列举出这样几个方面的例子，质疑老子。第一，"天地以大用付于阴阳，阴阳之气运而成四时，杀此生彼，岂天地有不仁哉？"将这个意思推展一步来理解，应该是说天地调动阴阳的"大用"，不可按仁或不仁来评判，而老子说"天地不仁"，就未免是以人度天了。第二，按照《易传》对乾卦卦辞"乾元亨利贞"的解释，乾卦所象征的天是包含了许多义理的，如"万物资始，乃统天。云行雨施，品物流形。大明终始，六位时成。时乘六龙以御天。乾道变化，各正性命，保合太和，乃利贞"。《象传》又强调"天行健"。这么丰富的内涵，怎么能像老子那样拿橐籥来类比呢？橐籥的虚和动两个概念，又怎么能穷尽其义理呢？第三，天之道虽然可以形容为静顺，但天地之体却不能说是静顺的，而老子指玄牝为天地根，也就不是天行健的义理了。第四，天长地久是自古而然的，没有人能知道其缘由，老子又凭什么断言是以其不自生而后能长生？又怎么知道天地不是自生的呢？第五，飘风骤雨并非出于天地之意，而是阴阳二气相争的结果，争得过甚了，以至风雨肆虐，天地也不能阻止。所以君子只是拿风雨来譬喻"振民育德"，如风化雨润之类的教化等，而老子意图训诫的"区区血气之斗"，怎么可以与飘风骤雨相提并论？第六，"夫有天地与人而道行焉，未知其孰先后也"。而老子自喜其创见，偏要说道是先天地生的，天法道，天得一以清。当真是道混成而在天地之先吗？是道法天呢，还是天法道呢？是一得天呢，还是天得一呢？所以说老子是"山林之学，不稽于古圣贤，以道言天而其慢侮如此"。第七，到了用天道来阐明人事的时候，却又说天道不争而善胜，不言而善应，不召而自来。这样的天道，显然就不是虚极静笃、守一无为的了。所以总起来说，"从古圣贤者，畏天敬天，而从老氏者疑天慢天，妄窥而屡变，玩狎而不忌，其不可也必矣"（详《习学记言》卷15）。

显而易见，叶适所发现的易老差异，主要在于《周易》代表了古圣贤以来畏天敬天的信仰传统，其中既包括关于天地人三才的关系模式，也包括不能别出心裁地逾越这个模式去理解三才关系的忌讳；而老子没有这样的信仰和忌讳，只是将天当作自然现象来观察、来议论，所以站在信仰传统的立场上看，就是个疑天慢天的异端表现。这是叶适质疑老子的思想核心。

至于叶适所列举的七大问题，有些可以推动老子学说的逻辑自洽，也有些是出于特定立场的偏见，继续彰显出儒道两家的差异。

以今天的眼光看，老子以理性突破信仰传统的努力，对于思想、精神的发展无疑是开拓性的，但他同时也会引发社会责任感异常强烈的儒家式的忧惧，即传统的信仰体系被突破之后，现实的社会秩序又依靠什么来维持呢？这个问题到今天依然存在，所以儒家从社会需要出发的信仰建构，有其合理性。同样到今天依然存在的另一个问题是，旧的信仰体系之所以被突破，首先是由于这个信仰体系已经不能满足社会发展的需要，老子等哲人只是将这个不能满足的事实给说了出来，如果信仰体系不能开拓性地调整以适应社会的发展，它就不可能同时成为新旧两种力量共同的信仰，又如何能有效地维护社会的稳定呢？

所以，既然时代变了，理性开拓就必须先行，信仰体系的重建要紧跟在后面。

第七十四章

民常不畏死，奈何以死惧之？若使民常畏死，而为奇者，吾得执而杀之，孰敢？常有司杀者杀。夫代司杀者杀，是谓代大匠斫。代大匠斫者，希有不伤其手矣。

本章说到生死问题。

放在《道德经》里来看，生死问题也许并不是什么大事，因为万物都处在生生死死之中，而《道德经》所要探讨的，是决定万物生生死死的永恒之"道"。但对于你我他这样的寻常人来说，生死可就是很大很大的事了，就像俗话说的，"人生大事，不过生死"，如果对生死问题都不在乎了，那会是一种什么情况呢？

像你我他这样的寻常人，虽然不敢说人人本来都怕死，但一定可以说人人本来都求生——因为求生是所有生物的本能。不仅现在的电视里经常播放各种科普节目，让我们观赏到各种生物的求生本能和技能，而且中国古人也有类似的观察，虽然不能提供精彩的视频，但留下过很精彩的语言，如明代人高濂的《遵生八笺》说，"逢擒则奔，虮虱犹知避死；将雨则徙，蝼蚁尚且贪生"（《遵生八笺》卷2）。跳蚤快要被捉到时，一定会跳起来逃生；蚂蚁在雨水降临之前，必定会向高处搬迁。这样的求生本能，是天赋的，人当然也一样。

然而，人是很特殊的生物，钟天地之灵秀，所以不仅有求生的本能，还有超越或者违背本能的不怕死的选择。那么人在什么情况下会选择不怕死呢？

孔子说，"志士仁人，无求生以害仁，有杀身以成仁"。这是选择不怕死的第一种情形，即为了"仁"的道德精神，可以放弃生命。从理论上说，杀身成仁无疑是一种高尚的人性选择，"仁"的道德精神可以表现为抵制不义、牺牲小我以保护他人，保护公众或社会，等等，这样的人像我们在第五章中引述《国语》所讲的，扞灾御患，是要被作为聪明正直之神受到后人祭祀的。但同时也无可否认，当某些宗教将这种道德精神推向极端，将抵御和防护演变为进攻性的"圣战"，并以殉道的名义赋予特殊的宗教神圣性时，道德精神就可能异化为对生命的漠视。这种宗教化的极端在中国没有传统，与我们的议题也没有关系，但容易与杀身成仁相混淆，所以要辨识一二。

另一种情形就是《道德经》所说的不惧怕死亡。本来，王公侯伯掌握着置人于死地的刑罚，通常被用作胁迫民众的终极手段。然而，这种手段用得太频繁了，致使民众生亦何欢，那么接下来的民情民风，必然就死亦何惧了。到了这个时节，再拿死亡的刑罚去威胁民众，还能有什么用呢？所以在老子看来，频繁使用刑罚胁迫民众，那就不是什么替天行道了，而是代天司杀。这样的王侯政治，将日常的社会管理搞成战争形态，最终受伤残的，不仅仅是民众，还有王公侯伯自己。

第七十五章

民之饥，以其上食税之多，是以饥。民之难治，以其上之有为，是以难治。民之轻死，以其求生之厚，是以轻死。夫唯无以生为者，是贤于贵生。

这一章的修辞形式很有意思，将"民"与"其上"对应起来，明确讲清楚二者的反变关系。如果不是《道德经》太古老了，确实会让人觉得有某种阶级分析的味道，而老子很早就发现了社会的尊卑贫富差距，并将这种差距归结为不合理的阶级结构的恶果。

"其上"吃税太多了，民众因此挨饿；"其上"的政策花样百出，民众也只能想尽方法找对策。这些反变关系好像都只是社会常态，所以什么时候都不要指望"其上"会真的和"民"同甘苦、共命运。实际上，如果没有"民"的饥寒交迫，那么"其上"虽锦衣玉食，也不能找到幸福感，因为吃得合适和穿得舒服是不需要锦衣玉食的。这种看别人挨饿所以吃得香的感觉，与自己挨饿所以吃得香的感觉完全不一样，后者是自然的反映，而前者叫"求生之厚"，活出了奢侈，活出了非分的大滋味。然而，既然"其上"是要活给"民"看才有滋味，那么"民"看了后会作何感想？答案是"轻死"，比较级的痛苦强化了绝对痛苦的感受，生命不值得留恋，就会做出许多"轻死"的事情。一旦"民"选择"轻死"了，"其上"又能活到哪里去？所以老子告诫说，真正善于养生的人，不干那些"求生之厚"的蠢事。

第七十六章

人之生也柔弱，其死也坚强。万物草木之生也柔脆，
其死也枯槁。故坚强者死之徒，柔弱者生之徒。是以兵强
则不胜，木强则兵。强大处下，柔弱处上。

老子好像很不喜欢强大、强盛或者强硬什么的，与我们这
个时代的风尚刚好相反。跟不上风尚的理论，再怎么高明也无
人聆听，所以讲解《道德经》常常会冒出一种焦虑，费了这么
些功夫，该不会是白瞎吧？因为怀有这样的焦虑，所以就会尽
量地迎合时代风尚，从《道德经》中发现某些符合现代性的东
西。对于思想的发展来说，这种迎合究竟是由于勾兑古今而通
透了呢，还是在顾盼之间限制了应该向远处瞭望的目光？真不
好说。

要迎合时代风尚，就可以这么来理解《道德经》，即《道
德经》所说的"其死也坚强"，其实指的是僵硬。人死了僵硬，

树死了枯槁，道理是一样的，即那个人和那棵树都丧失了生机。所以准确理解《道德经》的本意，不是说柔弱与坚强哪个好哪个不好，哪个将战胜哪个要失败，而是说柔弱的状态饱含着生机，所以很好；僵硬的状态缺乏生机，所以很糟。不但是人和树，万事万物都一样，生机决定前景，状态只是表象。

万物机理不同，强大、强盛的不一定就缺乏生机，事实可能刚好相反，一物之所以强大、强盛，正因为它拥有强健的生机，所以读《道德经》千万不要太死板了。死板就是僵硬，偏失会很严重。

那么，如何壮大或者说培植强健的生机呢？《道德经》说，"强大处下"，好像是个简单的物理现象，密度大、分量重的东西都沉在下面。但从这个简单的物理现象中，人却可以受到有益的启示，即使强大、强盛了，关注点也要放在自身的生机上，不要陶醉，尤其不能炫耀其强大、强盛的外壳，外强则中干，内在的生机会弱化以至枯竭。

第七十七章

天之道，其犹张弓与？高者抑之，下者举之；有余者损之，不足者补之。天之道，损有余而补不足。人之道则不然，损不足以奉有余。孰能有余以奉天下？唯有道者。是以圣人为而不恃，功成而不处，其不欲见贤。

大概说来，哲学注定没有神话那么可爱。古希腊神话里，丘比特有把弓箭，被他一箭穿心的人，据说都很幸福。丘比特的胖小子模样，倒是招人喜爱，但一箭穿心的强制甚至有些暴力的隐喻，显然就没有月下老人的红线那么斯文。老子的天道，手上有把更大的弓箭，但始终引而不发，有力而不施暴，只是瞄准着万物的平衡，牵引着万物在一个合理的振幅内对待流行，维持着大自然的公平和公正。

天道的公平公正是个永恒的合理模式，维持着万物生生不息的可持续发展。人类社会却与之背道而驰，有钱的人用钱赚钱，越来越富有，没钱的人用身体赚钱，身体的资源越来越衰弱，生活也就越来越贫穷。如果再算上恃强凌弱的社会制度，算上社会为豪强霸凌贫弱所提供的制度保障，社会违背天道公平公正的倾斜和失衡，也就处处都让人触目惊心了。

谁能改变现实社会的这些既成事实？富贵的人不想改变，贫贱的人不能改变，于是有道者像是天公对人类社会的赏赐，应时而出，唤醒天道所昭示的公平公正意识，并不断告诫富贵的人，当富贵压塌天平的时候，社会也就鸡飞蛋打了，富贵和贫贱会搅在一起，烂成一锅粥。所以富贵不能骄，不能过度，要尽可能地学习天道，那才是可以持续的安全策略。

有道者的唤醒工作有没有效果？有些效果，但不会彻底改变社会的不公正现象。站在老子的角度，或许也不能追求彻底改变，而只能将天道作为一个永恒的合理性模板，用来检验现实的偏失，作为校正现实偏失的依据。如果要求当下就彻底改变这个社会的一切，那就只有暴力革命一条路了。所以《道德经》的圣人、有道者，只是更夫或者像《论语》所说的"木铎"。

第七十八章

天下莫柔弱于水，而攻坚强者莫之能胜，其无以易之。弱之胜强，柔之胜刚，天下莫不知，莫能行。是以圣人云：受国之垢，是谓社稷主；受国不祥，是为天下王。正言若反。

中国古代的各种学术思想流派，在许多问题上的观点、立场，都包含着差异和分歧，但赞美水的品格却惊人的一致。这很有趣，因为水最受赞美的一种品格，就是具有广泛的适应性，而诸子百家式的集体赞美，刚好印证了水的这一品格——适应诸子百家的理论诉求，象征着诸子百家所追求理念的最大公约数。

当然，这并不是说水除了化解出氢气和氧气之外，还能化解开诸子百家式的分歧，而是说水像多棱镜，各家各派都能选择一个合适的角度，从中印鉴出自己所需要的景象。甚至是同一家流派或同一个作者，也可能在不同的语境下对水的品格有不同的理解。例如《道德经》就是这样。第八章讲"上善若水"，是因为"水善利万物而不争"，自愿处在谦卑的位置，却保持着广利万物的高尚品格。而本章所要赞美的，却是水不可被改变的韧性，也正是在水性不可被改变的意义上，我们才能够真正理解为什么说"攻坚强者莫之能胜"。

也不知道出于什么缘故，中国文化关于柔弱胜刚强的探索异常发达，从古老的兵法、拳法到儿女情长时的以柔克刚，柔弱作为一种策略的应用，无处不在。何以出现这种现象？是由于中国社会的弱势群体太弱了，完全不足以与强者对抗，因此就有老子这样的智者，为弱势群体想出个制胜的谋略？还是由于历史已反复证明，强者霸凌弱者都只是短暂的，飘风骤雨不终朝，而弱者的绵绵生机是不可磨灭的，所以像老子这样的智者就要告诫强者，"强梁者不得其死"，任性霸凌会将自己逼上绝路？这是个引人遐思的问题，而思之者都会在史册上留下印记，苏东坡就是其中的一个。

在《东坡易传·坎卦》中，苏东坡这样讲述他对于水的理解：万物都有各自固定的形状，唯独水是个例外，随着所处的环境呈现为各种形状。世人通常都认为有固定形状的万物即有准信，水没有固定的形状所以就没有准信。然而，方形的物体可以被砍削成圆形的，弯曲的可以被矫正为直的，可见固定的形状靠不住，不能成为准信的保障。至于水，虽然没有固定的形状，但随着所处环境而呈现出相应的形状，却是可以预期的，所以工人会用水来确认平衡点以及平面等。也正因为水没有固定的形状，与任何物体接触都不会因碰撞而相伤，所以行进的历程虽然险阻无常，但从来都不会错失流淌必至的准信。由此看来，只有水才是天下的至信之物。

不仅如此，水还有一颗必定流动的恒心，"所遇有难易，然而未尝不志于行者，是水之心也。物之窒我者有尽，而是心无已，则终必胜之。故水之所以至柔而能胜物者，维不以力争而以心通也。不以力争故柔外，以心通故刚中"。简言之，水作为弱势者，虽然处处都会遇到强势的阻拦，但阻拦者总有穷尽之时，而水必流淌的恒心不灭，最终必将战胜强势的阻拦。这个胜利不依靠力量的对抗，而发自内在的不动不摇的恒心，是自胜者强的表现，所以用坎卦的柔外刚中来形容，很贴切。

苏东坡的这番议论，形式上是对《周易》的诠释，但核心思想却是《道德经》的柔弱胜刚强，援引来解释本章《道德经》，大概算是圆满俱足了。

第七十九章

和大怨，必有余怨，安可以为善？是以圣人执左契，而不责于人。有德司契，无德司彻。天道无亲，常与善人。

理解《道德经》的第七十九章，有两个知识点需要先缕缕。一是"执左契"，二是"司彻"。

按照元代人吴澄的解释，契是刻木为券，从中间剖开，用作凭信。拿着右契的一方，可以凭此契券向执左契的领取财物等，也就是执左契的承担债务或保管财物，执右契的是债权人或财物领取者。"司彻"的"彻"是古代井田制的一种合作模式，称为"彻法"。最初，井田划分为九块，八家分别耕种周边的八块，中央为公田，集体耕种。但鉴于各家的人口和劳动力不平衡，所以八家通力合作，形成一个农业合作社，收获则平均分配。"司彻"就是农业合作社的监督、管理者。

据此来理解本章的大旨，是反对强力推行平均主义。虽然从表面上看，平均主义是消解各种社会怨恨的最彻底的办法，符合天道"损有余而奉不足"，但实际上，平均主义将个人的一刀切的意志凌驾于社会万象之上，结果被侵凌的就不仅仅是有余者，还包括不足者。因为平均主义的背后，有这样一个个人意志被膨胀的理念性缺陷，所以在实践中，尽管"各尽所能，各取所需"的口号很能魅惑人，好像社会从此就不再存在统治与被统治了，不再存在劳资双方的矛盾了，但实际付出的监督、管理各人是否尽能取需的制度成本，远远要大于劳资双方的自愿契约。所以，用平均主义的手段来"和大怨"，根本就不可能像设想的那样彻底消解怨恨。

平均主义既然行不通，那么合理的做法应该如何呢？老子说"圣人执左契"，意即一切劳动者执右契，只要劳动者付出了，拿得出右契，那就不管他是个什么人，同样照契付款，让劳动者按劳取酬，"圣人"既不赖账，也不"责于民"，强求劳动者做出什么样的成绩。只要"圣人"不夺此予彼，不强行拿把刀剁出个"公平"来，社会自然就是公平公正的。显然，这是一套自由主义的经济学。

这么看来，老子也忒有远见了，将两千多年以后的事也看得清楚，说得明白。为了表明本文不是借题发挥，我们可以简单举证一下，平均主义思想在中国历史上一直就有，老子或许有些担忧平均主义的流传，但老子的批评对象却是古人，不是现代人。在古代，不仅有上面提到的"彻法"，搞土地资源和粮食分配上的平均主义，而且还专门有那样一个学派，以宋钘和尹文为代表人物，制作并且佩戴"华山冠"作为学派标志，华山上下均平，以迥异于金字塔式的社会结构。《孟子·滕文公》还记载了许行一派的农家，因为滕文公采取土地开放政策，所以许行等人都从楚国、宋国投奔到滕国来种地。对于滕文公的土地开放政策，他们当然很赞赏，但滕文公不能"与民并耕而食，饔飧而治"，也就是不能一起劳动，一起吃住，滕文公甚至还有仓库，有积蓄，所以在他们看来，滕文公"厉民而以自养"，不符合平均主义的理想。

无疑，平均主义都有一个很好的淑世理想，但选择的方法也是理想化的、自我意志型的，所以应用于实践非但不能"和大怨"，还会引发许多新的"余怨"。这个历史性的经验和教训，往往会被后世新的理想主义的热情所遮蔽，而社会则在魅惑之间反复，这是学习《道德经》时需要警醒的一个问题。

第八十章

小国寡民。使有什伯之器而不用，使民重死而不远徙。虽有舟舆，无所乘之，虽有甲兵，无所陈之。使民复结绳而用之。甘其食，美其服，安其居，乐其俗。邻国相望，鸡犬之声相闻，民至老死不相往来。

真能确认本章《道德经》所说的，是国家而不是某家老年公寓或者疗养院？单从描述来看，实在太像农庄型的疗养院了——地方不大，居民不多，有能力监管十人、百人的干部一概不用，就算有赛车、游艇也无人乘坐，有武器也没地方摆放，不用拿着计算器总结盈亏，鸡鸣狗吠，田园风光，各自享受着生活的现状，不用串门推销、传销。这景象，对于打算安度晚年的人来说，确实很有吸引力。所以，谁要是计划开办那样的老年公寓或疗养院，可以参照本章撰写广告词。

然而，《道德经》明明说的是"国"。这就奇怪了，那么多章节都畅叙普世性"天下"的《道德经》，怎么突然就向往那么原始的生活？这个问题我们遇到了，古代所有的《道德经》注家也都遇到了，而古人的解释通常是，春秋时代礼崩乐坏，社会风气太糟糕了，老子想要矫世变俗，所以就提出这样一种返朴还淳的主张，希望全社会一起回到从前，不要再恶性循环下去。还有另外两种有趣的辩解，其一是汉代河上公提出的，说"小国寡民"的小和寡，当作动词的意动用法，就是不管国家多么地大，民众多么地多，都只当作国小人少，不要被大国意识弄得很夸张。其二是北宋苏辙的解释，说是老子在前面讲了许许多多的道理，最后就想找到那么块地方，作为理论的实验基地。这些善解人意的辩解都很好，都有助于理解老子思想的立体感。

我们也愿意为立体感做点贡献，提出一种解释，即老子所畅叙的普世性"天下"，本来就不是由大国扩张出来的，而是处处都能自由自在、安居乐业的自然世界。因为当时的社会现实，是诸侯们偏喜欢按照"以奇用兵"的招数"取天下"，甚至用来衡量国家大小强弱的计量词，也都是指军用马车的"千乘之国""万乘之国"，虽然不及现代的专业，核弹比核弹、常规武器比常规武器，但以军为国的气氛也同样浓重。针对这样的现实，还能想出什么办法以达成普世性"天下"的共识？现代人拥有各种传媒工具，有条件举办各种宗教的、政治的、军事的国际会议，但同样也无计可施，更何况以牛马代步、以竹简传书的古代呢？所以，"小国寡民"是走出时代陷阱的可以想象的模式，它不需要为创建大国、治理大国让社会付出惨重的代价，也不会让大国的最高权力演变成群雄逐鹿的那只鹿，所以站在老子的立场上看，"小国寡民"其实是幸福指数很高的生活模式。

《庄子·胠箧》引用这一章，批评当时的某些学者在诸侯之间串联，兜售其知识和主张，弄得诸侯蠢然骚动，天下百姓也跟着寝食难安。为了说明远古时期确实有那么一个"至德之世"，民众都"甘其食，美其服，安其居，乐其俗，邻国相望，鸡狗之声相闻"，《庄子》列举出那些世代的名称：容成氏、大庭氏、伯皇氏、中央氏、栗陆氏、骊畜氏、轩辕氏、赫胥氏、尊卢氏、祝融氏、伏戏氏、神农氏。这些世代，在旧石器、新石器时代的考古中未必能够被证实，但通过这样的历史记忆，道家相信人类其实可以在没有兼并、没有战争的模式下自然地生活着，战争以及其他的种种纷争，并不是人类群居生活的必需品。而摆脱战争和纷争，历史上曾经有过的模式就是"小国寡民"。

也许，人类当真要实现"大同"，就不能沿着大国扩张的逻辑一路推进，而必须有一个改造文明模式的"小国寡民"阶段。只是这个阶段如何出现，是在大国扩张的文明模式自我摧毁之后，还是在老子这样的理性精神成了人类文明的主流之时？不好说。

当今世界上，大国的军事成本很高，社会治理的成本也很高，而军事上中立的小国不需要军事成本，社会的治理成本也很低，民众的生活却从容而幸福。如果春秋时代的人不跟着诸侯兼并的烟雾沉湎在大国梦里，又怎么会觉得"小国寡民"不好呢？对于《道德经》的"小国寡民"之说，又有什么地方需要辩护的呢？

所以，大国的国家意识有些夸张，大国的国民意识也同样会有些夸张。只是大家都在夸张的时候，很少有人能够像老子这样发现那就是个夸张而已。

第八十一章

信言不美，美言不信；善者不辩，辩者不善；知者不博，博者不知。圣人不积，既以为人，己愈有，既以与人，己愈多。天之道，利而不害，圣人之道，为而不争。

《道德经》的这最后一章，类似于现代人著作的自序，只是现代人将自序放在书的前面，而古人却放在全书的最后面，用来陈述自己的"作书大意"。这也是古代道家著书的一种体例，如《庄子》的《天下》，《淮南子》的《要略》，《史记》的《太史公自序》，《抱朴子外篇》的《自叙》，等等，就都是将自陈作书大意的篇章放在最后。这种体例，大概就是由《道德经》的第八十一章开创的。

不仅开创体例，本章还开创了谦逊的传统。按照本章的自述，《道德经》修辞不华美，论辩不雄奇，知识也不渊博，但字里行间的立意是诚实可信的，有些批评性的议论，用心却是良善的，简洁的叙事也包含着对于"道"之真相和真理的认识。之所以将这些个人的感悟、私心自得之处写出来，是因为"道"的蕴含无限，感悟"道"的智慧也无限，分享"道"，分享智慧的过程，实际上是一个精神上再创造的增值过程，只要不将自己的见解强加于人，那么这样的分享就是自利利他的。本着道家自是而不相非的思想交流原则，遵循道家为而不争的人道新精神，智慧的交流和传播可以像天道一样无害。

这是老子的自许，可能也是他对更多读者的期许。

在我写过的按惯例要归类学术论著的文字里，究竟有多少地方称引老子或者《道德经》？我自己也说不清楚。称引如此频繁，第一说明在我的思考和表述中，老子或者《道德经》确实是被认真当作思想经典的，而且已经习惯了有这样一部经典存在于我的思考和表述中；第二说明我对于老子或者《道德经》，一直处于言犹未尽、意犹未尽的状态。之所以出现这种状态，既可能是由于我对于老子《道德经》始终未能获得透彻的理解，也可能是由于老子《道德经》给我的启发历久弥新，在不同的时间节点上都产生过不同的思想刺激。

自上世纪八十年代开始研究晋唐道教的"重玄学派"，我就一直围绕着老子《道德经》打转，但研究的对象、完成的工作，绝大多数都是历史上的老子《道德经》注疏以及相关的经论，属于学术史性质。径直表达我对于老子《道德经》的理解有两次：一次是《诗译道德经》，另一次就是这份讲义。因为两次同样都是响应爱好老子《道德经》的朋友们的要求，意图做一些通俗易懂的解释，始终不敢放开胆量从哲学专业的角度做一份老子《道德经》的现代诠释，所以就一直困顿在言犹未尽、意犹未尽的状态。

在我的理解中，中国古代的经典诠释是可以分出不同类型的。最常见因而也属主流的当然是注疏，例如东汉郑玄、南宋朱熹的各种经注，唐初孔颖达等人的《五经通义》等。这些注疏力图勾勒尧舜等先王的典章制度、伦理教诲，学术史上的地位历来崇高。另一类数量不那么多，例如《周易》的《系辞》和《说卦》，王弼的《周易略例》《老子指略》等，从经典的具体表述中提摄出抽象一般的原理或原则，即所谓"体例"，所以在哲学史和思想史上的地位也历来崇高。还有一种通俗的类型，学术史地位不那么高，影响也不那么大，但未必就没有价值。例如北宋欧阳修的《易童子问》，率先将《系辞》是否孔子所作等问题当作常识来讲，至今学界还在研究；又如南宋林希逸的《庄子口义》，对《庄子》文本进行口语化的串讲，抱着文学鉴赏的姿态，但对于历来《庄子》读者好之恶之两极跳转的诸多问题，都能从善意理解的角度予以疏释，所以也自成一家之言。这也是我写这个通俗讲义的一点自励的理由。

通俗的讲义要怎么写？好像也不需要什么特殊的办法。写这份讲义的时候，住宅装修，书都打捆了。我自己又不能像写《论道》的金岳霖先生那样有一个他自己的哲学体系，这样内无所持，外无所见，因而只是照着《道德经》的章句串讲一些尽可能符合其思想逻辑的理解，于是就写成了这样。

这份讲义是 2017 年撰写的。这次出版，我自己只校改了个别文字，但责任编辑戴燕玲女士下了一番功夫，不仅校勘文稿，还以通行本校勘《道德经》原文，为个别生僻字加了脚注。这是戴女士所做的细致工作，是我要致谢的。